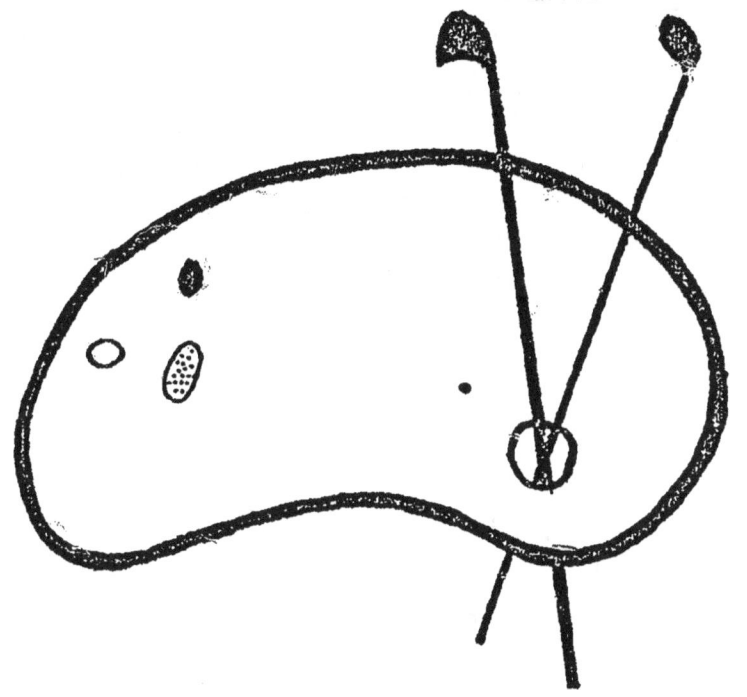

**COUVERTURE SUPERIEURE ET INFERIEURE
EN COULEUR**

ESQUISSE D'UNE HISTOIRE

DES

THÉATRES
DE PARIS
De 1548 à 1635

PAR

EUGÈNE RIGAL

Maître des Conférences

A la Faculté des Lettres d'Aix

PARIS

A. DUPRET, ÉDITEUR

3, RUE DE MÉDICIS, 3

1887

A. DUPRET, Éditeur
3, RUE DE MÉDICIS, 3

COLLECTION BLEUE

Précis de l'Histoire de l'Opéra-Comique, par Albert Soubies et Charles Malherbe. Un vol. .... 1 fr.

Richard Wagner et le Roi de Bavière. Lettres traduites par Jacques St-Cère. Un vol. 1 fr.

L'Université de Salamanque, par Charles Graux. Un vol .... 1 fr.

Les Peintres de la Mer, par L. de Veyran. Un vol. .... 1 fr.

Les Maisons historiques de Paris, par Alfred Copin. Un vol. .... 1 fr.

Une Maladie littéraire : les Décadents, par F. Letrane. Un vol. .... 1 fr.

Esquisse d'une Histoire des Théâtres de Paris de 1548 à 1635, par Eugène Rigal. Un vol. .... 1 fr.

La Pompadour en retraite. Suivi de deux nouvelles inédites de Saltikof. Traduit du russe par Henry Olivier. Un vol. 1 fr.

La Femme russe à travers les âges, par Henry Olivier. Un vol. .... 1 fr.

Un Dîner littéraire au XVIIIe siècle : le Dîner du Bout-du-Banc, par Jacques Balireu. Un vol. .... 1 fr.

MÊME FORMAT

Rabelais légiste. Testament de Cuspidius et contrat de vente de Culita, traduits avec des éclaircissements et des notes, et publiés pour la première fois d'après l'édition de Rabelais, par Arthur Heulhard. Petit in-24 papier de Hollande, avec deux fac-similé. Tiré à petit nombre. .... 2 fr. 50

Contes bleus, par Henry Carnoy. Un vol. .... 1 fr.

Grammaire et Prosodie symbolistes, par Gustave Kahn. Un vol. tiré à petit nombre. .... 2 fr. 50

EMILE COLIN. — IMP. DE LAGNY

ESQUISSE D'UNE HISTOIRE

DES

THÉATRES DE PARIS

ÉMILE COLIN — IMPRIMERIE DE LAGNY.

HOTEL DE BOURGOGNE ET MARAIS

ESQUISSE D'UNE HISTOIRE

DES

THÉATRES

DE PARIS

DE 1548 A 1635

PAR

EUGÈNE RIGAL

Maître des conférences à la Faculté des Lettres d'Aix.

PARIS

A. DUPRET, ÉDITEUR

3, RUE DE MÉDICIS, 3

1887

L'auteur du présent travail se propose de parler ailleurs de l'organisation théâtrale, des acteurs, des pièces, et, en un mot, de l'état du Théâtre français à la fin du XVIe *et au commencement du* XVIIe *siècles. Toute son ambition ici serait d'établir quelques faits, de fixer certaines dates, et de faire un peu de lumière, s'il se peut, sur les origines des deux grands théâtres parisiens avant Molière :* l'Hôtel de Bourgogne *et le* Marais.

HOTEL DE BOURGOGNE ET MARAIS

ESQUISSE D'UNE HISTOIRE

DES

THÉATRES

DE PARIS

DE 1548 A 1635

Trois causes surtout semblent avoir contribué à former et à épaissir les ténèbres qui, après tant d'efforts tentés pour les dissiper, couvrent encore pour nous l'histoire des théâtres parisiens à la fin du XVIe et au commencement du XVIIe siècles.

La plus grave, parce qu'elle est irrémédiable, est la rareté des do-

---

Les lettres a, b, c,... renvoient aux notes qui se trouvent au bas des pages; les chiffres 1, 2, 3,... aux notes qui terminent le volume.

cuments. Le recueil des principaux titres de propriété de l'Hôtel de Bourgogne, publié par les confrères de la Passion en 1632 (1); quelques autres pièces juridiques citées par Félibien (2) et les frères Parfait (3); le précieux mais trop sommaire *Inventaire des titres et papiers de l'Hôtel de Bourgogne* donné par Eudore Soulié (4); quelques mentions d'acteurs vivants ou récemment morts, dans divers écrits du temps; c'est là tout ce dont nous disposons.

Les premiers historiens du théâtre disposaient de moins encore, et ils ont complété les renseignements sûrs qu'ils possédaient par des hypothèses fragiles qu'ils imaginaient. Renseignements et hypothèses n'ont pas été distingués avec le soin désirable par leurs successeurs; Félibien et les frères Parfait sont devenus des autorités et ont apporté dans une histoire obscure une nouvelle cause d'obscurité et d'erreur.

Enfin, une idée préconçue, dont les auteurs que nous venons de citer ont été les premières victimes, a continué après eux à fausser la vue des historiens et à égarer leur sens critique. On a voulu juger des théâtres sous Henri IV et Louis XIII d'après ce que l'on savait de l'Hôtel de Bourgogne et du Marais sous Mazarin et Louis XIV : on a donc admis le plus tôt possible l'existence simultanée de ces deux scènes, et à chacune on a attribué une continuité, une régularité d'existence, dont on ne puisait pas l'idée dans les documents.

Il y a une douzaine d'années à peine, M. Fournel faisait un pas vers la vérité, quand il écrivait dans sa courte *Histoire du théâtre du Marais* (5) : « Il n'y a pas eu un seul théâtre du Marais, il y en a eu plusieurs, et même quand il se fut établi dans une salle définitive, diverses troupes s'y succédèrent. » Malheureusement, on n'a pas tenu compte depuis de cette observation, et M. Fournel lui-même n'est pas resté assez fidèle à sa propre doctrine.

Notre devoir est donc tout indiqué pour l'étude, d'ailleurs très rapide, que nous entreprenons : n'accorder notre confiance qu'aux documents authentiques; rejeter ou n'accepter qu'après vérification, quelle qu'en soit la date, toutes les assertions qui ne s'appuient pas sur eux.

I

La fondation du théâtre de l'Hôtel de Bourgogne date de 1548. Cinq ans auparavant, François Ier

avait ordonné la vente des hôtels de Bourgogne, Artois, Flandres, Etampes, etc. (6); et les confrères de la Passion, forcés de quitter l'hôtel de Flandres où ils représentaient, après avoir promené çà et là dans Paris leurs mystères et leurs moralités, se décidèrent à acheter, sur l'emplacement de l'hôtel des anciens ducs de Bourgogne, un terrain de dix-sept toises de long sur seize de large, et à y bâtir un théâtre définitif (7). Il s'éleva dans la rue Mauconseil, ou plutôt dans l'angle formé par la rue Mauconseil et la rue Française (*a*).

Les confrères avaient l'intention d'y reprendre leurs représentations des mystères de l'Ancien et du Nouveau Testament; mais le Parlement

(*a*). L'Hôtel de Bourgogne était par conséquent situé dans le quartier Saint-Denis, sur les confins du quartier des Halles (8).

s'y opposa. Un arrêt du 17 novembre leur permit seulement de « jouer autres mystères profanes, honnêtes et licites », et défendit « à tous autres de jouer ou représenter dorénavant aucuns jeux ou mystères, tant en la ville, faubourgs, que banlieue de Paris, sinon que sous le nom de ladite confrérie, et au profit d'icelle (9). » Ainsi les confrères étaient tenus d'abandonner la partie la plus importante de leur répertoire, mais leurs privilèges étaient confirmés, et ils le furent encore par lettres de Henri II en 1554, de François II en 1559, de Charles IX en 1563, de Henri III enfin en 1575.

Comment s'y prirent-ils pour les faire valoir, et par quoi remplacèrent-ils leurs mystères interdits ? Nous ne serions pas embarrassés pour le savoir, si nous pouvions en croire le *Journal* manuscrit *du théâtre français* (10). L'auteur, qui ne cite aucune source, n'en était pas moins merveilleusement informé ; il sait quelles pièces nouvelles ont été jouées chaque année par les confrères, il sait de quelles reprises ces nouveautés ont été accompagnées. Mais cette érudition trop complète suffirait seule à nous mettre en défiance, et nous avons eu trop d'occasions de prendre le chevalier de Mouhy en flagrant délit d'erreur ou de mensonge pour lui accorder la moindre créance. Faut-il tout au moins, et d'une façon générale, admettre avec lui que les confrères jouaient les œuvres des nouveaux tragiques, des Filleul, des Grévin, des Jean et Jacques de la Taille, pendant qu'ils ne se gênaient guère, d'autre part, pour jouer les mystères et vies des saints que le Parlement avait prétendu leur défendre ? La question est trop importante et trop difficile pour être traitée ici incidemment. Disons seulement que nous ne croyons pas à la représentation par les confrères des œuvres tragiques et comiques de la nouvelle école. Ils ont dû se contenter d' « exhiber au peuple certains jeux anciens, Romans et Histoires », comme dit un arrêt du Parlement (11); ou de revenir quelquefois à leurs mystères, sous des titres trompeurs et bien faits pour n'éveiller pas les susceptibilités, comme ceux de tragédie ou de pastorale.

C'étaient là toutefois des conditions très défavorables. Certes, les mystères avaient perdu beaucoup de leur popularité; bourgeois et artisans ne les écoutaient plus avec la foi naïve et la curiosité ardente d'autrefois. Mais ils avaient encore leurs partisans, et joués ouvertement, régulièrement, ils auraient peut-être suffi à remplir encore la salle des confrères : les précautions prises par ceux-ci déroutaient ce qui leur restait de leur ancien public. D'autre part, le public lettré avait vu se multiplier les représentations des collèges ; il s'était épris de la tragédie soi-disant antique, et ne prenait plus le chemin du théâtre de la Passion. Pour attirer ceux-ci et pour retenir ceux-là, les confrères n'avaient pas assez de leurs moralités, genre vieilli aussi, et de leurs farces ; et pouvaient-ils compter sur les *Romans* et les *Histoires* que préconisait le Parlement, œuvres bâtardes sans doute, écrites sans talent ni conviction, où étaient conservés avec soin les procédés et les *trucs* de l'art du moyen âge, mais où son esprit et sa naïveté ne se retrouvaient plus ?

On se lasse de l'insuccès, même quand on est une confrérie et qu'on est attaché à ses traditions. Les confrères finirent donc par se dire qu'ils gagneraient plus d'argent en louant leur salle à des comédiens qui pourraient la remplir, qu'en s'obstinant à jouer eux-mêmes devant de rares spectateurs; et une concurrence redoutable qu'il fallut subir en 1577, celle des comédiens Italiens, les *Gelosi*, protégés par la cour (12), acheva peut-être de les décider. Dès l'année suivante, 1578, nous voyons une vraie troupe de comédiens paraître sur le théâtre de l'hôtel de Bourgogne. « 22 juillet, dit l'*Inventaire* (13), marché fait entre lesdits maîtres et Agnan Sarat, Pierre Dubuc, et autres compagnons comédiens par devant Marchand et Bruguet, notaires, par lequel iceux compagnons comédiens promettent de représenter comédies moyennant le prix mentionné audit marché. » Que jouaient ces comédiens ? Probablement des pièces de l'ancien répertoire, mais qui, jouées autrement et mieux par des comédiens de profession, pouvaient attirer davantage le public (b). Avec cela des farces : le peuple n'aurait pas pu s'en passer, et les lettrés eux-mêmes y riaient volontiers, tout en en médisant (15).

Combien de temps la troupe d'Agnan Sarat représenta-t-elle à l'Hôtel de Bourgogne ? On ne le sait ; mais Agnan lui-même dut fournir sur ce théâtre une assez longue carrière, puisqu'une pièce

(b). C'est ce que semblent indiquer quelques vers d'une pièce des *Muses gaillardes, le haut de chausses du courtisan* :

> Combien de fois ta belle soie
> A revêtu le roi de Troie
> Et les chevaliers d'Amadis,
> Quant Agnan à la laide trogne
> Jouait à l'Hôtel de Bourgogne
> Quelque histoire du temps jadis.

Le roi de Troie et le chevalier Amadis sont des personnages de moralités ou de mystères profanes (14).

des *Muses gaillardes* rappelle encore son nom en 1609, et puisque Tallemant se souvient de lui dans le chapitre où il nomme « les principaux comédiens français » : « Agnan a été le premier, dit-il, qui ait eu de la réputation à Paris (16). »

Ainsi des comédiens de profession s'étaient fait entendre à Paris, mais les privilèges des confrères avaient été respectés. La tentation était grande cependant pour les troupes de campagne ou celles de nationalité étrangère de se produire dans la capitale, sans donner à de grossiers artisans une bonne partie de leur gain. Une troupe italienne avait-elle cédé à cette tentation vers 1583, ou avait-elle au contraire loué leur salle aux maîtres de la Passion ? Nous ne savons ; mais c'est certainement à la suite de représentations théâtrales, que permission fut donnée « auxdits maîtres de faire saisir et arrêter ce qu'ils *pourraient* trouver appartenir à Baptiste Lazarot (17), Italien, pour sûreté de ce qu'il leur pouvait devoir, à cause de demi-écu par chacune semaine qu'il leur avait été ordonné être payé par lui (18) ». En 1584, une autre troupe, qui paraît française, s'était installée à l'hôtel de Cluny, près les Mathurins ; le Parlement mit bon ordre à ce scandale ; il fit défenses aux comédiens « de jouer leurs comédies, ne faire assemblée en quelque lieu de cette ville et faubourgs que ce soit, et au concierge de Cluny les y recevoir, à peine de mille écus d'amende (19). » En 1588, nouvelles troupes, l'une française et l'autre italienne : les frères Parfait citent un arrêt rendu contre elles par le Parlement (20).

Cependant, sur le théâtre de l'hôtel de Bourgogne, les confrères avaient repris leurs représentations, et il semble même qu'ils fussent revenus hardiment à leurs mystères et à leurs parodies plus ou moins pieuses des livres saints. Le moment était mal choisi, puisque la Ligue devenait toute puissante ; d'ardentes dénonciations se firent entendre, et nous en pouvons lire une dans les fameuses *Remontrances très humbles au roi de France et de Pologne*, qui datent de cette même année 1588 (21). L'auteur y proteste contre toutes les représentations théâtrales, mais en veut surtout à la confrérie :

« Il y a un autre grand mal, dit-il, qui se commet et tolère en votre bonne ville de Paris, aux jours de dimanches et de fêtes ; ce sont les jeux et spectacles publics qui se font lesdits jours de fêtes et dimanches, tant par des étrangers Italiens que par des Français, et, par-dessus tous, ceux qui se font en une cloaque et maison de Satan, nommée l'Hôtel de Bourgogne, par ceux qui abusivement se disent les confrères de la Passion de J.-C... Sur l'échafaud l'on y dresse des autels chargés de croix et ornements ecclésiastiques, l'on y représente des prêtres revêtus de surplis, même aux farces impudiques, pour faire mariages de risées. L'on y lit le texte de l'Evangile en chant ecclésiastique, pour (par occasions) y rencontrer un mot à plaisir qui sert au jeu. Et au surplus, il n'y a farce qui ne soit orde, sale et vilaine, au scandale de la jeunesse qui y assiste, laquelle avale à long trait ce venin et ce poison, qui se couve en sa poitrine, et en peu de temps opère les effets que chacun sait et voit trop fréquemment.

» Par ce moyen Dieu est grandement offensé, tant en ladite transgression des fêtes que par les susdits blasphèmes, jeux et impudicités qui s'y commettent. D'avantage Dieu y est courroucé en l'abus et profanation des choses saintes dont ils se servent, et le public intéressé par la débauche et jeux des artisans. Joint que telle impiété est entretenue des deniers d'une confrérie, qui devraient être employés à la nourriture des pauvres, principalement en ces temps esquels il fait si cher vivre, et esquels plusieurs meurent de faim.

» Or, Sire, toute cette ordure est maintenue par vous : car vous leur avez donné vos lettres de permission pour continuer cet abus commencé devant votre règne ; vous avez mandé à votre Cour de Parlement et Prévôt de Paris de les faire jouir du contenu en vos lettres, ce qu'ils ont très bien exécuté, ayant maintenu un tel abus contre Dieu et la défense des pasteurs ecclésiastiques, et nonobstant la clameur universelle de tous les prédicateurs de Paris, lesquels continuent encore journellement à s'en plaindre, mais en vain, n'ayant pu pour tout obtenir sinon une défense de jouer durant une année (22), pour recommencer au bout de l'an plus que devant. »

La clameur des prédicateurs et les remontrances des catholiques eurent plus d'influence en 1588 sur la Ligue qu'elles n'en avaient eu précédemment sur le roi. La Ligue supprima les représentations, ou, comme dit la *Satyre Ménippée*, « défendit les jeux de Bourgogne (23). » Seule, dit-on, une troupe de comédiens espagnols, qui jouaient à Paris sans beaucoup de succès, reçut d'elle autorisation et protection (24) : jusqu'en 1595, aucun document ne fait plus mention des comédiens français (25).

Mais, à cette date, l'entrée

d'Henri IV à Paris avait sans doute rendu le courage aux confrères ; ils étaient remontés sur leur scène, et veillaient avec un soin jaloux à ce que leurs privilèges fussent respectés. Leur mécontentement fut donc grand, quand une troupe ambulante, dirigée par Jehan Courtin et Nicolas Poteau (ou Potrau), se mit à donner des représentations fort courues à la foire Saint-Germain (16). Ils essayèrent de faire fermer son théâtre, le public prit parti pour les acteurs forains, et le Châtelet, ayant égard aux règlements particuliers et traditionnels des foires Saint-Germain et Saint-Laurent, leur permit le 9 mai 1596 « de jouer et représenter mystères profanes, licites et honnêtes, sans offenser ou injurier aucunes personnes, ès faubourgs de Paris et pendant le temps de la foire Saint-Germain », à condition de payer pour chaque journée de représentation « deux écus soleil au profit de la confrérie. » D'autre part, défense était faite à toutes personnes, quelle que fût leur condition, « de faire aucunes insolences en ladite maison et Hôtel de Bourgogne lorsque l'on y représentera quelques jeux, ni jeter des pierres, poudres et autres choses qui puissent émouvoir le peuple à sédition, en peine de prison et de punition corporelle. »

Les confrères étaient battus et le reconnurent ; ils s'abaissèrent jusqu'à passer avec leurs vainqueurs un marché, pour les obliger, sans doute à l'issue de la foire, à venir représenter « jeux et farces à l'Hôtel de Bourgogne » ; et ce furent les forains qui rechignèrent (27).

La confrérie avait passé par une crise dangereuse et qui s'était mal terminée. Les troupes de campagne savaient maintenant comment on pouvait faire brèche à ses privilèges, et la foire suivante dut lui susciter les mêmes difficultés. Le 12 avril 1597, il fallut que le prévôt de Paris permît « de faire publier à son de trompe, même afficher, tant au dehors que dedans et contre les portes dudit Hôtel de Bourgogne, les défenses à toutes personnes de faire aucunes séditions ni empêcher les représentations des comédiens dudit Hôtel. »

La confrérie d'ailleurs ne s'endormait pas. A la même date, elle obtenait la permission « de faire comédies les jours ouvrables »; et le même mois, elle obtenait des « Lettres de Henri IV, confirmatives des privilèges de la confrérie (28). » Le roi, plein de bienveillance, permettait même de jouer « les mystères de la Passion et Résurrection de Notre-Seigneur, des Saints et Saintes,... ensemble autres jeux honnêtes et récréatifs. » Mais le Parlement fut moins aimable. Il se référa à son arrêt du 17 novembre 1548, et ne permit que la représentation « des mystères et jeux profanes, honnêtes et licites, sans offenser ni injurier personne, sans pouvoir jouer les mystères sacrés (29). » C'était une nouvelle partie perdue. La confrérie se résigna, et peut-être ne monta-t-elle plus elle-même sur le théâtre ; depuis ce moment en effet, les témoignages de marchés passés avec des troupes de comédiens se multiplient, et l'on ne trouve plus trace de représentations données par elle (c).

(c) Ajoutons un argument à ceux que nous avons déjà donnés dans le texte pour reculer la date à laquelle les confrères seraient descendus de leur théâtre. Toutes les lettres patentes du xvie siècle, et même l'arrêt du Parlement de 1598, autorisent les confrères à *faire et jouer* leurs mystères, et parlent d'eux

II

En 1598 (25 mai), Jehan Sehais, comédien anglais, loue la grande salle et le théâtre de l'Hôtel de Bourgogne, mais n'en essaie pas moins de se dérober aux obligations que lui impose son bail. Une sentence est rendue par le Châtelet le 4 juin, « tant pour raison du susdit bail que pour le droit d'un écu par jour, jouant lesdits Anglais ailleurs qu'audit Hôtel » (30).

La même année, d'autres comédiens, sans doute français, viennent se loger « en la maison et hôtellerie de la Bastille, près l'église Saint-Paul. » Vite, un huissier, dépêché

comme de comédiens. Au xviie siècle, les termes changent, et désormais Louis XIII les autorise à *jouer ou faire jouer et représenter les mystères dessusdits*. V. *Recueil des principaux titres*, p. 39, 40, 48, 50, 66, — 52.

par les confrères, court leur signifier les défenses accoutumées (31).

Le 28 avril 1599, sentence du Châtelet de Paris, entre les maîtres, d'une part, « et les soi-disant comédiens italiens du Roi, d'autre, par laquelle, entre autres choses, est fait défenses tant auxdits comédiens italiens que autres, de jouer ni représenter ailleurs qu'audit Hôtel de Bourgogne, s'ils n'ont exprès pouvoir de ladite confrérie ; comme aussi est fait défenses à tous bourgeois de Paris de louer maisons à aucuns comédiens ; au dos desquelles pièces sont des significations faites aux comédiens tant français que italiens (32). »

Nous avons cité cette pièce en entier, parce que c'est elle qui a déterminé la plupart des historiens du théâtre à placer en 1599 ou en 1600 la fondation d'un nouveau théâtre fixe, celui du Marais. Voici comment s'expriment les frères Parfait : « Une troupe de comédiens de province, qui peut-être était venue à Paris pour y jouir des franchises de la foire Saint-Germain, forma le dessein de s'établir dans cette ville. Il faut croire qu'elle avait de fortes protections ; car, malgré une sentence contradictoire du 28 avril 1599, qui défendait à tous bourgeois de louer aucun lieu pour y représenter la comédie, elle ne laissa pas de paraître l'année suivante 1600 sur un théâtre qu'elle avait fait bâtir au quartier du Marais du Temple, en une maison nommée l'Hôtel d'Argent (33). »

Certes, une assertion aussi grave demanderait à être appuyée sur quelque document. Mais les frères Parfait, qui en citent si souvent de peu importants, n'en donnent aucun ici ; Félibien n'en donnait pas davantage, et l'*Inventaire* ne porte rien de pareil. Les frères Parfait ajoutent : « Il est vrai que ces comédiens furent obligés de payer aux confrères, toutes les fois qu'ils jouaient, un écu tournois ». Et ce serait une preuve en effet, si la sentence à laquelle ils font allusion n'était pas, ils l'avouent eux-mêmes, du 13 mars 1610. Quel indice reste-t-il donc de la fondation du nouveau théâtre ?

Hâtons-nous de rétablir la vérité, puisqu'elle ressort avec netteté des documents. En mars ou avril 1599, étaient arrivées à Paris deux troupes, l'une italienne et l'autre française, qui avaient commencé par représenter leurs pièces devant la Cour. Les confrères n'avaient pas le droit de s'y opposer. Mais dès que les nouveaux venus songèrent à représenter à la ville et à installer leur théâtre chez quelque bourgeois, aussitôt les privilégiés se plaignirent, et l'ordre fut intimé aux deux troupes de se transporter bien vite à l'Hôtel de Bourgogne. Toutes deux cédèrent. Dès le 28 avril, un bail est fait par la confrérie à la troupe des comédiens italiens ; trois jours plus tard, le 1ᵉʳ mai, un autre bail est fait à Valleran Lecomte et à ses compagnons, qui prennent déjà le titre de « comédiens français ordinaires du Roi » (34).

Voilà donc une troupe italienne et une troupe française qui jouent concurremment sur la scène de l'Hôtel. C'était peut-être la première fois, ce ne sera pas la dernière (35).

Il semble que cette concurrence ait nui surtout aux comédiens français, et qu'ils se soient décidés bientôt à laisser le champ libre aux Italiens. Le 2 octobre, Valleran passe un accord avec les maîtres pour le rachat de son bail, et le 6, les confrères obtiennent la permission de faire dresser des barrières au devant de la porte d'entrée de leur hôtel, « pour empêcher la pression du peuple lorsqu'on y veut jouer » (36).

Combien de temps restèrent les Italiens ? on ne le sait, et Baschet lui-même n'a rien trouvé sur leur compte (37). Mais le 30 octobre 1600, les maîtres passent marché avec une nouvelle troupe de comédiens français, qui promet de jouer pour elle des comédies. Probablement Valleran faisait encore partie de cette troupe, mais un seul comédien en est nommé : Robert Guérin, celui qui devait rendre si fameux le surnom comique de Gros-Guillaume (38).

On sait qu'à la date où nous sommes, la plupart des historiens du théâtre ont déjà installé une troupe française fixe sur le théâtre de l'Hôtel de Bourgogne : leurs assertions ne s'accordent guère avec la vérité. La troupe de Robert Guérin resta tout au plus trois ans. En décembre 1603, la troupe italienne de Francesco Andreini inaugure sur théâtre privilégié des représentations qui devaient durer jusqu'au mois d'avril suivant (39) ; en février 1604, une nouvelle troupe française s'y installe aussi, celle de Thomas Poirier, dit la Vallée, et de ses compagnons (40).

Quel a été son succès ? Nous ne savons, mais son séjour ne s'est pas prolongé longtemps. En 1607, Thomas Poirier a quitté l'Hôtel et Valleran l'a remplacé (*d*). Aucun

---

(*d*). Dans un procès intenté en 1627 par Laffemas à Marie Venier, un certain Buffequin, « feinteur et artificieur des comédiens », déposait « qu'il y a environ vingt ans, il aurait vu jouer des tragédies au *Sabot-d'Or*, rue Saint-Antoine, par Laffemas, lors de la compagnie de Valleran, et dudit *Sabot* ils seraient venus au petit Hôtel de Bourgogne. » V. Tal-

bail nouveau, il est vrai, n'est porté pour cette année à l'*Inventaire*, mais quatre baux, faits à Valleran Lecomte, et dont le dernier est du 30 septembre 1628, sont inscrits en bloc à cette dernière date : le premier doit être celui que nous cherchons.

Au mois de mai 1607, Valleran est à l'Hôtel de Bourgogne, quelques lignes de l'Estoile nous l'attestent; et, le 26 janvier précédent, une troupe estimable, qui devait être la sienne, avait joué devant le roi une farce que le même l'Estoile analyse dans son journal (41).

Ainsi Valleran obtenait du succès, lorsqu'un dissentiment se pro-

lemant, t. v, p. 72, comm. de P. Paris. — Ce texte concorde parfaitement avec notre récit. Pourquoi Buffequin dit-il : le *petit* Hôtel de Bourgogne ? Je ne sais ; mais il ne peut s'agir que du théâtre des confrères. On a aussi entendu par là le théâtre du Marais, l'appellation serait singulière.

duisit entre lui et son principal camarade, Mathieu le Febvre, dit Laporte; et Laporte quitta l'Hôtel vers la fin de 1607 (42). Le 26 janvier suivant, nous trouvons le procès-verbal rédigé par Me Poussepin, conseiller au Châtelet de Paris, d'une comparution faite par les maîtres et Mathieu le Febvre, dit Laporte, « touchant les différends qu'ils avaient ensemble à cause de ladite grande salle dudit Hôtel de Bourgogne, que ledit Laporte avait occupée comme associé avec Valleran Lecomte » (43). Laporte seul, on le voit, est ici en cause, et Valleran reste à l'Hôtel de Bourgogne. Nous en trouvons la preuve dans l'arrêt du Parlement qui, le 19 juillet 1608, met fin à une longue querelle entre la confrérie et le prince des Sots (44). Valleran Lecomte, qui semble n'avoir pas paru dans les phases antérieures de la querelle, venait de se mettre du côté des confrères, ainsi qu'un sieur Jacques Resneau, qui était sans doute un de ses compagnons. L'arrêt ne s'occupe que des maîtres et du prince de la Sottise, et met Valleran et Resneau « hors de cour et de procès, sans dépens » (45).

Ainsi Valleran dirigeait la troupe française de l'Hôtel de Bourgogne en 1608; la même année, la troupe italienne des *Accesi*, dirigée par Pier Maria Cecchini, dit Fritellino, joue sur le même théâtre pendant quelques mois (46).

III

Nous voici enfin arrivés au temps où moins de changements se produisent à l'Hôtel de Bourgogne, et où une troupe française, qu'on peut dire stable, y est installée. C'est la troupe même de Valleran. De Mouhy, il est vrai, et bien d'autres après lui, ont dit que Valleran était passé définitivement au Marais en 1608 (47) ; mais Valleran était encore à l'Hôtel en 1612, comme le prouve une mention du *Voyage de maître Guillaume en l'autre monde vers Henri le Grand* (48); il y était encore en 1619, comme on le voit par l'*Espadon satyrique* (49) ; et en 1628, au 30 septembre, l'*Inventaire* mentionne le dernier de quatre baux faits par les confrères à Valleran Lecomte et à ses compagnons, ce qui suppose un temps assez long passé à l'Hôtel. Est-ce à dire que Valleran n'ait jamais quitté l'Hôtel de Bourgogne ? Non, sans doute, et nous espérons montrer le contraire bientôt ; mais c'en est assez pour faire croire qu'il n'en est pas resté longtemps éloigné.

Sur quoi d'ailleurs s'appuie l'opinion contraire ? uniquement sur quelques lignes de l'abbé de Marolles, qui se rapportent à l'année 1616: « La comédie, où *on* nous menait quelquefois, dit-il, lorsque cette fameuse comédienne, appelée Laporte, montait encore sur le théâtre, et qu'elle se faisait admirer de tout le monde avec Valleran, et que Perrine et Gaultier étaient des originaux qu'on n'a jamais depuis su imiter (50) ».

Marie Venier, femme du comédien Laporte, ayant joué en 1610 — comme nous le verrons plus loin — sur ce qu'on veut bien appeler le théâtre du Marais, on en conclut qu'elle y jouait encore en 1616, que Valleran appartenait aussi au Marais, et qu'il n'a plus cessé de lui appartenir. Conclusions, dont la dernière est évidemment forcée, et dont la première même est fausse, car mademoiselle Laporte a suivi son mari dans ses pérégrinations, et celui-ci était déjà revenu à l'Hôtel de Bourgogne en 1612 (51). Il y avait rejoint son ancien camarade Valleran, et tout fait supposer qu'ils ne se sont plus quittés (e). Leurs deux noms sont volontiers associés par les acteurs qui, après eux, jouaient sur la scène de l'Hôtel de Bourgogne, et l'ombre de Gaultier Garguille, apparaissant au Gros

(e) Le passage de Marolles, bien compris, montre que Laporte et sa femme étaient à l'Hôtel de Bourgogne en 1616; ils y étaient encore le 18 janvier 1619, date où « Jacques Mabille, comédien du Roi », faisant baptiser sa fille Marie, prenait pour marraine « Marie Venière (sic), femme de noble homme Mathieu le Febvre, comédien du roi. » (V. Jal, *Diction. critique*, 2ᵉ éd., 1872, p. 413, art. *comédiens inconnus*). Enfin, Laporte mourut peu après et Marie Venier se retira du théâtre, puisqu'on la voit, en 1627, mariée en secondes noces à un avocat au Parlement. Jean Rémond. (V. Tallemant, t. V, p. 71. n.)

Guillaume en 1634, lui parle à plusieurs reprises de « nos défunts et anciens prédécesseurs Valleran, Laporte », de « nos anciens maîtres Valleran et Laporte et autres célèbres acteurs et actrices (52) ».

D'ailleurs, laissons de côté la personnalité de Valleran ; la permanence d'une troupe chez les confrères se peut établir encore par d'autres preuves.

En 1612, les comédiens qui occupent l'Hôtel trouvent leur possession assez longue pour valoir titre, et demandent qu'on abolisse les privilèges de la confrérie de la Passion (53). Leur demande est repoussée, et le nouveau roi Louis XIII, dans des lettres patentes données en décembre 1612, enregistrées au Parlement le 30 janvier 1613, confirme les « privilèges, libertés, exemptions et franchises » des confrères, auxquels il permet de jouer et représenter les mystères profanes « et tous autres jeux honnêtes et récréatifs... en ladite salle de la Passion, dite l'Hôtel de Bourgogne, et en tous autres lieux et places licites et commodes qu'ils pourront trouver pour cet effet, si bon leur semble (54) ».

Les comédiens ne se tiennent pas pour définitivement battus; ils prétendent que le Roi n'a adjugé l'Hôtel de Bourgogne aux maîtres que « pour trois ans seulement, par provision,.. attendant l'arrêt du principal », et, avant l'expiration de cette période, deux ans environ plus tard, ils s'empressent de revenir à la charge dans des *Remontrances au Roi et à Nos Seigneurs de son conseil, pour l'abrogation de la confrérie de la Passion, en faveur de la troupe royale des comédiens* (55).

Ce sont bien les mêmes acteurs qui parlent :

« Vos comédiens, Sire, qui par leurs bonnes qualités ont acquis des amis assez puissants pour leur faciliter l'entrée de votre cabinet, et assez zélés en leur intérêt pour les favoriser de leur présence, ils s'adressent de plein vol à Votre Majesté, sans aucune autre recommandation ni assistance que leur bon droit, dans lequel ils ont établi l'espérance de leur victoire.

» Leurs prétentions, Sire, à présent, ne sont autres que celles mêmes qui ont donné lieu au différend qui s'émut, il y a quelque temps, à votre conseil, entre les comédiens et les soi-disant maîtres de la confrérie de la Passion, lors duquel Votre Majesté trouva bon d'adjuger à ceux-là l'Hôtel dit de Bourgogne, pour trois ans seulement, par provision et aux charges portées par l'arrêt, attendant la décision du principal, laquelle vos comédiens poursuivent aujourd'hui. »

Ces remontrances sont datées par les frères Parfait de la fin de l'année 1614 ou du commencement de 1615, et sans doute fort justement.

Quels en étaient les signataires ? Il est fâcheux qu'on n'ait pas jugé à propos de nous le dire ; mais je nommerais parmi les principaux : Valleran, Laporte et sa femme, Robert Guérin, François Vautray et Hugues Guéru dit Fléchelles, l'inimitable Gaultier Garguille. Robert Guérin est nommé dans une sentence du Châtelet, qui condamne les comédiens à payer aux maîtres 36 livres ; la sentence est du 13 mars 1613 et la mauvaise volonté des comédiens à cette date s'explique peut-être par leur récente réclamation contre les confrères. — Hugues Guéru est nommé dans une sentence du 16 janvier 1615, amenée par des difficultés du même genre et qui peuvent s'expliquer par des raisons analogues. — Quant au nom de François Vautray, qui figure dans les deux pièces, il forme comme un trait d'union entre les autres noms que nous avons cités, et confirme notre hypothèse.

De 1615 à 1622, aucun document juridique ne fait mention de la troupe royale ni de ses membres. Elle est donc toujours à l'Hôtel de Bourgogne; si elle s'était transportée ailleurs, les confrères auraient vite protesté (*f*).

Et c'est précisément ce qu'ils font en 1622. Le 16 février, et par une sentence contradictoire, « Etienne

---

(*f*) Elle y était certainement en 1619, puisque l'*Espadon satyrique* désigne la plupart de ses membres comme représentant à l'Hôtel de Bourgogne, et puisque Dulaure (t. VI, p. 68) cite de cette date un *Advis du Gros-Guillaume sur les affaires de ce temps..*, où on lit: « Si on s'amusait à aller ivrogner aux portes, adieu l'Hôtel de Bourgogne. »

Rufin dit Lafontaine, Hugues Guéru dit Fléchelles, Robert Guérin dit La Fleur, Henri Legrand dit Belleville (56), et autres, leurs compagnons comédiens, représentant en l'Hôtel d'Argent (l'Hôtel de Bourgogne étant lors occupé par d'autres comédiens), sont condamnés payer auxdits Doyen, maîtres et gouverneurs, trois livres tournois par chacun jour de représentation, et aux dépens (57) ».

Pourquoi la troupe royale a-t-elle ainsi quitté l'Hôtel de Bourgogne? On ne peut que le conjecturer, et nous le ferons tout à l'heure. Mais la date de son départ nous paraît bien indiquée ; celle que nous avons posée pour son arrivée est au moins probable ; elle était donc restée chez les confrères environ 15 ans, de 1607 à 1621.

IV

Qu'on nous permette maintenant de revenir en arrière ; nous allons trouver la première mention de ce « théâtre du Marais », dont nous nous étions informés inutilement plus haut.

On a vu que Laporte, après un court séjour à l'Hôtel de Bourgogne, l'avait quitté avant le commencement de 1608. Revint-il en province ? Cela est probable, mais Paris l'attirait, et il abandonna la province encore une fois. Le 12 novembre 1609, une ordonnance de police parle de deux théâtres (58), et, le 13 mars 1610, le Châtelet rend une sentence entre les confrères, d'une part, « Mathieu le Febvre dit Laporte et damoiselle Marie Venier, sa femme, et leurs compagnons comédiens, d'autre, par laquelle appert iceux comédiens, qui jouaient lors en la maison appelée l'Hôtel d'Argent, avoir été condamnés payer solidairement aux demandeurs soixante sols par chacun jour qu'ils avaient représenté et représenteraient audit Hôtel d'Argent, et icelle sentence être déclarée commune avec tous les autres comédiens qui pourraient jouer ci-après en cette ville de Paris. »

Y a-t-il rien dans ce texte qui suppose l'existence avant 1609 ou 1610 d'un théâtre régulier à l'Hôtel d'Argent (*g*)? Y a-t-il même

---

(*g*). Le *Recueil des princ. tiltres*, en rapportant cette sentence (p. 69), dit que Laporte représentait à l'Hôtel d'Argent, « l'Hôtel de Bourgogne étant lors occupé par d'autres comédiens ». Voilà qui ne suppose certes pas la fondation déjà ancienne d'un théâtre régulier et rival.

Selon P. Lacroix (xviie s. *Institutions*, p. 498), la condamnation devait avoir son effet depuis 1600, date de la fondation de

rien qui en suppose la fondation en ce moment (*h*)? En quoi la mention qui est faite ici de l'Hôtel d'Argent diffère-t-elle des mentions faites par l'*Inventaire* de tant de théâtres éphémères, et, par exemple, du jeu de paume d'Etienne Robin, rue Bourgl'Abbé, en 1621, du carreau de la

l'Hôtel d'Argent. Comme ce théâtre, — toujours selon P. Lacroix — donnait trois représentations par semaine, cela faisait à peu près 1200 fois 60 sols, ou 3600 livres tournois que Laporte avait à payer. D'où les aurait-il pu les tirer? Et cependant les confrères déclarent eux-mêmes que la sentence a été exécutée (*Recueil* p. 69).

(*h*). Les représentations de l'Hôtel d'Argent cessèrent sans doute presque aussitôt après l'arrêt du Parlement rendu. En effet, Henri IV fut assassiné le 14 mai, et « les comédiens, n'osant jouer à Paris, tant tout le monde y était dans la consternation, s'en allèrent dans les provinces. » (Tallemant, t. I, p. 38; hist. du maréchal de Roquelaure). — Lorsque Laporte revint à Paris, ce fut sans doute pour faire sa rentrée à l'Hôtel de Bourgogne, puisque nous l'y trouvons dès 1612.

rue Saint-Antoine en 1625 ? Si un théâtre fixe existe désormais à l'Hôtel d'Argent, pourquoi ne trouve-t-on pas contre lui de protestations postérieures des confrères, assez procéduriers de nature, comme on l'a vu (59)? Serait-ce que le Roi et le Parlement auraient autorisé le nouveau théâtre ? Mais les lettres patentes de 1612, enregistrées en 1613, prouvent le contraire fort nettement, puisqu'elles confirment les privilèges octroyés à la confrérie « par les feus rois prédécesseurs » de Louis XIII, et portent défenses expresses « à tous joueurs, comédiens ou autres, de jouer ni représenter dans la ville de Paris, faubourgs et banlieue d'icelle, aucuns jeux ailleurs qu'en ladite salle de la Passion, dite l'Hôtel de Bourgogne, sinon sous le nom et congé de ladite confrérie et au profit d'icelle (60). » Il suffit d'ailleurs de jeter un coup d'œil sur l'histoire de la confrérie, même après 1612, pour voir que ses privilèges n'ont subi aucune atteinte. Ils sont mentionnés expressément dans des pièces de 1621 et de 1627, et la confrérie en exige si bien le respect, qu'en 1619 elle fait défendre par le Parlement aux habitants de Soissons « de plus élire un prince de la jeunesse (61). » En 1629, enfin, les comédiens Royaux recommencent contre elle et avec plus d'acharnement leur lutte de 1612 et de 1614.

Donc, pas de second théâtre légalement installé en 1610, ni à aucune autre date antérieure à 1629; et l'on sait qu'en 1629, avant la représentation de *Mélite*, il n'y avait à Paris qu'une seule troupe : Corneille l'a dit expressément (62). Ce qu'on a pris pour un « théâtre du Marais », c'est tout bonnement les asiles provisoires — et nullement placés au Marais *(i)* — de troupes qui ne voulaient pas aller chez les confrères, mais que ceux-ci savaient bien forcer à y venir ou à leur payer une redevance.

Cherchons encore quelles troupes ont passé à Paris, où elles se sont établies et pendant quel temps.

En 1610, Claude Husson, dit Longueval, et autres comédiens jouant au faubourg Saint-Germain-des-Prés, sont condamnés à payer aux maîtres soixante sols par jour de représentation, en appellent au

---

(i). L'Hôtel d'Argent était placé : selon les uns, au coin de la rue de la Poterie, près de la Grève (Fr. Parfait, t. III, p. 244, n. *b*; E. Despois, *Le théâtre français sous Louis XIV*, 1874, p. 11); selon les autres, au coin des rues de la Verrerie et de la Poterie (V. Fournel, *Contemp. de Molière*, t. III, p. VIII. Dans le premier cas, il faisait partie du quartier de la Grève, et dans le second, il était sur les confins du quartier de la Grève et du quartier Saint-Martin (63).

bailli de Saint-Germain et ne réussissent qu'à se faire condamner plus sévèrement par le Châtelet. Défense leur est faite « de plus représenter aucunes comédies sans le consentement » des maîtres (64). Ils quittent sans doute Paris pour la province.

En 1613, le 24 novembre, la troupe italienne d'Arlequin inaugure ses représentations à l'Hôtel de Bourgogne (65) : un nouveau bail lui est fait le 4 avril 1614, et elle quitte Paris en juillet de la même année.

C'est une troupe française qui la remplace à l'Hôtel, celle de Claude Husson, dit Longueval, qui s'est décidé à revenir à Paris et renonce à lutter contre les confrères. Elle porte maintenant le titre de troupe des « comédiens ordinaires de Monsieur le Prince », et c'est noble homme Mathieu de Roger, sieur de Champluisant, qui passe un bail pour elle (66). Il y a maintenant deux troupes françaises à l'Hôtel, mais cette situation ne dure pas. Noble homme Mathieu de Roger abandonne ses protégés (67), qui quittent leur théâtre le 22 novembre, non sans laisser une dette de 1400 livres, pour laquelle « Husson, dit Longueval, Nicolas Gastrau et autres, leurs associés », sont condamnés par le Châtelet (68). Les temps étaient durs pour les confrères ; la troupe royale venait d'attaquer leurs privilèges, et contestait pour payer son loyer. Le Châtelet du rendre une nouvelle sentence, qui l'obligeait à payer le prix porté sur le bail de Longueval.

La troupe de Monsieur le Prince fut sans doute dissoute, ou revint en province (69). Toujours pas de nouvelles de l'Hôtel d'Argent.

En 1619 (70), l'infatigable Châtelet condamne Claude Aduet et ses associés à payer « soixante sols par jour qu'ils ont joué, voltigé sur la corde et représenté plusieurs choses facétieuses ». Claude Aduet opérait probablement en plein vent.

L'année 1620 joue un grand rôle chez certains historiens du « Théâtre du Marais ». C'est à cette date que, selon Chappuzeau, « les accroissements de la ville de Paris donnèrent occasion à une troupe de comédiens (mais avec le consentement de celle qui représentait à l'Hôtel de Bourgogne) d'élever un théâtre dans une maison nommée l'Hôtel d'Argent, au quartier du Marais-du-Temple (71). » Chappuzeau se garde bien de citer ses preuves; il ignore d'ailleurs qu'on avait déjà joué à l'Hôtel d'Argent, et que, si un consentement avait été donné, il l'aurait été par les confrères. Je trouve ailleurs un renseignement bien différent : « En 1620, on voit un établissement de comédiens rue Vieille-du-Temple »; et M. Fournel, à qui j'emprunte ces mots, part de là pour se demander si ces comédiens étaient les mêmes qui avaient déjà occupé l'Hôtel d'Argent, et pour conclure que, selon toute vraisemblance, il y avait alors deux troupes dans le quartier du Marais (72). Mais ni M. Fournel, ni ceux qui parlaient avant lui des comédiens de la rue Vieille-du-Temple (73), ne prouvent leur existence en citant le moindre document.

Le *Recueil des principaux titres* et l'*Inventaire* ne nous en fournissent pas non plus; mais ils citent une sentence du Châtelet, en date du 13 octobre 1621, défendant à « Etienne Robin, maître du jeu de paume du Moutardier, rue du Bourg-l'Abbé, de louer son jeu aux comédiens pour y représenter »; une autre encore, du 4 mars 1622, signifiée « audit Robin et à tous autres paumiers (74). »

Si l'année 1620 n'a ainsi, dans l'histoire du théâtre au commencement du xvii⁰ siècle, d'autre importance que celle que les historiens lui ont libéralement donnée, il n'en est pas de même de l'année 1622. C'est alors que la troupe royale se brouille avec les confrères et va représenter à l'Hôtel d'Argent.

Pourquoi? Et pendant combien de temps? Peut-être que les deux sentences citées plus haut permettent de répondre à ces deux questions. N'est-il pas vraisemblable, en effet, que la troupe chassée de la rue Bourg-l'Abbé par la sentence du 13 octobre 1621 se sera transportée à l'Hôtel de Bourgogne, où les confrères l'auront d'autant mieux accueillie qu'il avaient à se plaindre des comédiens royaux (j).

(j). Rappelons-nous ce que dit encore le

Ceux-ci, irrités, se seront retirés à l'Hôtel d'Argent, où sera venue les inquiéter la sentence du 16 février 1622, puis, s'y trouvant mal, dans le jeu de paume de la rue Bourg-l'Abbé, où les aura poursuivis la nouvelle sentence du 4 mars (*k*). Ni l'une ni l'autre des deux troupes ne paraît avoir gagné à ces changements et à cette rivalité ; vers la fin de l'année, toutes deux ont quitté Paris, dont les bourgeois se trouvent ainsi privés de leur meilleur divertissement (75).

Recueil des principaux titres (V. h. p. 46), « l'Hôtel de Bourgogne étant lors occupé par d'autres comédiens ». Or, je n'ai pas trouvé trace d'autres comédiens que de ceux de la rue Bourg-l'Abbé.

(*k*). Le rapprochement des deux dates : 16 février-4 mars, ne rend-il pas l'hypothèse fort naturelle?

V

Un an et demi après, l'Hôtel de Bourgogne est de nouveau occupé, puisque le Châtelet défend aux confrères, le 14 février 1624, « de permettre d'être représenté sur le théâtre dudit Hôtel aucunes comédies qui contreviendraient à la civilité et honnêteté, à peine d'en répondre en leurs propres et privés noms », et que, d'autre part, le 3 septembre, il cherche à les protéger contre des insolences faites aux portes de l'Hôtel (76). Mais la troupe en représentations est sans doute la troupe italienne de Lélio, en ce moment à Paris (77) : les Italiens étaient coutumiers de pièces plus immorales encore que les farces des troupes françaises ; et quant aux insolences faites aux portes, elles pouvaient être dirigées par les comédiens royaux de retour ou par la principauté de la Sottise, encore en lutte avec les confrères.

Vers la fin de 1625, les Italiens ont quitté Paris, et les confrères, pour les remplacer, louent le 3 août leur salle à des comédiens qui portent le titre de « comédiens du prince d'Orange (78). » Aucun d'eux n'est nommé dans l'*Inventaire*, mais Le Noir et sa femme en étaient sans doute, puisqu'ils étaient « au prince d'Orange (79) », et peut-être avaient-ils déjà pour camarade Guillaume Gilbert, sieur de Mondory.

L'entrée à l'Hôtel de Bourgogne de cette troupe, qui était bonne, irrite les Comédiens du Roi, et ranime leur querelle avec les confrères. On les voit à la fois chercher à infirmer le bail fait à leurs rivaux, troubler leurs représentations, et s'installer, pour leur enlever leur public, tout à proximité de l'Hôtel de Bourgogne. Le lieutenant civil est forcé d'intervenir. Il ordonne que les comédiens du prince d'Orange jouiront de leur bail; il défend à ceux du roi « de les troubler ni de jouer autour de la maison et Hôtel de Borgogne, « ains au carreau de la rue Saint-Antoine », en payant auxdits maîtres les droits accoutumés (80). »

Ainsi les comédiens du Roi n'étaient ni à l'Hôtel d'Argent ni dans la rue Vieille-du-Temple, et ce n'est ni à l'une ni à l'autre de ces résidences que les renvoie le lieutenant civil.

L'année 1626 est calme, mais en 1627 les confrères font sans doute un nouveau bail à la troupe du prince d'Orange, et les querelles recommencent (81). Les comédiens Royaux recourent aux violences contre l'Hôtel de Bourgogne; les maîtres les font condamner par le Châtelet et, de plus, en guise de représailles, leur font défendre « de ne plus représenter de comédies à heure indue, à peine de prison (82). » Presque en même temps, ils défendent leurs privilèges contre une troupe d'« opérateurs grecs », qui demandent à jouer « comédies, farces et ballets », et qui portent les noms peu helléniques de Désidières, Descombes, Hiérôme Lecomte et Georges. Les privilèges remportent encore une victoire, et les Grecs sont condamnés aux dépens (83).

Cependant le bail fait aux comédiens du prince d'Orange était expiré ; ils quittent l'Hôtel de Bourgogne, où les comédiens du Roi se décident à revenir. Le 30 septembre 1628, un bail leur est fait, où sont nommés Valleran Lecomte, Hugues Guéru, Henri Legrand et un nouveau venu, Pierre le Messier, qui doit bientôt illustrer le surnom de Bellerose (84).

Ce n'est pas sans quelque arrière-pensée que ces comédiens rentraient dans leur ancien théâtre ; moins que jamais, ils abandonnaient l'espoir de déposséder les confrères et de cesser les payements qu'ils leur devaient. Dès le mois de mars 1629, ils ne paient leur loyer qu'après assignation donnée par les maîtres; et si, le 6 juin suivant, ils passent avec eux un nouveau bail, ils ne cessent pas pour cela de chercher, avec des hommes compétents, comment ils parviendront à prouver que la maison est à eux, et que c'est aux maîtres d'en sortir. Les confrères le savent, veulent parer le coup, et, cherchant à leur tour à supplanter de dangereux locataires, introduisent de nouveau dans l'Hôtel les comédiens du prince d'Orange, à qui ils font un bail à la date du

9 juillet. Les comédiens du Roi réclament, et les confrères les font sommer de déclarer s'ils veulent *parachever le temps restant de leur bail* (85).

Une longue lutte judiciaire et administrative s'engage, qui dure jusqu'à la fin de janvier 1630 et qui donne lieu à de nombreux actes, requêtes, exploits, informations et arrêts (86). Nous ne la raconterons pas dans le détail, mais nous devons extraire des requêtes présentées par les deux parties quelques lignes qui prouvent les intentions et les machinations que nous leur avons attribuées.

Les comédiens, qui veulent obliger les confrères à présenter leurs titres de propriété au Roi et aux seigneurs de son conseil, représentent à ceux-ci le long temps qu'ils ont joué à l'Hôtel de Bourgogne, depuis que le feu Roi et Louis XIII lui-même les ont retenus pour leur représenter la comédie, ainsi qu'au public. Ils montrent quel profit les confrères ont tiré, sans travailler eux-mêmes, du travail de la troupe royale; comment, de plus, ils louent leur salle à des « comédiens italiens, ou autres étrangers, qui en paient grosse somme, outre leurs exactions. » Et la requête ajoute :

« Ils ont, par sentence, fait défendre le théâtre auxdits suppliants, qui s'accommodaient en d'autres lieux, s'il ne leur était par eux payé un écu par jour, lesquelles condamnations lesdits suppliants *ont* été forcés d'exécuter par le peu ou point de connaissance qu'ils avaient de l'usurpation desdits lieux, et des mauvaises actions qu'un grand gain qu'ils exigent produit journellement (87). *Ce qu'ayant appris lesdits prétendus Maîtres, et que les suppliants avaient tiré quelque lu-*

mière par plusieurs personnes, qui n'ont pu souffrir la mauvaise application de si grands deniers, quoique levés sous prétexte d'œuvres pies, *ils ont, par une pure malice et au préjudice de la parole qu'ils avaient donnée auxdits suppliants pour la continuation de leur bail, convenu avec quelque compagnie de comédiens nouvellement venus à Paris pour chasser les suppliants*, qui sont près de Votre Majesté pour satisfaire à vos commandements, afin de leur ôter l'envie de faire connaître le mauvais emploi desdits deniers ; de quoi étant avertis, ils se seraient plaints à elle, qui aurait eu agréable d'y interposer son autorité (88).

Cette requête est du 12 octobre. Les confrères répondent le 26 que les comédiens « ne sont personnes capables » pour exiger la production de leurs titres de propriété, que la production n'en saurait être faite devant le Conseil, mais que ces titres sont parfaitement réels.

« Au surplus, *ce qu'on leur impute par ladite requête a été par eux légitimement fait*, et en vertu de jugements, sentences et arrêts contradictoires, à ce que lesdits Guérin et associés n'en prétendent cause d'ignorance (89). »

Ni comédiens ni confrères ne parlent de la présence actuelle de la troupe du prince d'Orange, et l'arrêt du Conseil, qui ordonne que les maîtres de la Confrérie « mettront ès mains du commissaire à ce député, dans huitaine pour tous délais, les titres et pièces justificatives dudit droit par eux prétendu en l'Hôtel de Bourgogne (90) », cet arrêt ne mentionne même pas la troupe en question. J'en conclus que cette troupe n'était déjà plus à l'Hôtel de Bourgogne, et que les maîtres, voyant les comédiens Royaux fortement soutenus dans le Conseil du Roi, ont prié ceux du prince d'Orange de s'éloigner et de leur épargner une difficulté de plus. Ceux-ci ont consenti d'autant plus volontiers, qu'ils espéraient réussir mieux en jouant seuls et dans un théâtre à eux qu'en luttant contre les comédiens Royaux, si connus déjà; et, pour établir définitivement un nouveau théâtre, ils comptaient sur une pièce nouvelle, qu'un auteur encore inconnu leur avait confiée pendant leur récent voyage en province. Déjà, il est vrai, ils avaient présenté leur pièce au public, et les trois premières représentations n'en avaient pas été fructueuses; mais les suivantes l'avaient été ou allaient l'être, et le *succès* en devait être *surprenant*.

On voit que nous voulons parler de la *Mélite* de Corneille, et que nous essayons de résoudre un petit problème littéraire qui a déjà occupé bien des érudits.

Suivons les comédiens du prince d'Orange. Si nos hypothèses sont fondées, les confrères ont dû leur promettre d'être bienveillants pour leur entreprise et de n'exiger pas tout de suite la redevance due par eux. Rien, en effet, pendant l'année 1630, ne rappelle leur existence, et nous pourrions les croire repartis pour la province; mais nous les retrouvons en 1631. Le 25 février, les maîtres envoient un exploit d'assignation « à Le Noir, comédien, et ses associés, pour comparoir par devant le lieutenant civil, pour eux voir condamner à payer six vingt quinze écus pour *six vingt quinze journées qu'ils avaient représenté hors dudit Hôtel de Bourgogne*» (91); et l'affaire est définitivement réglée en février 1632 par le Châtelet, qui condamne Le Noir et ses associés solidairement à payer aux maîtres la somme de 405 livres pour six vingt quinze jours qu'ils ont représenté comédies en la ville de Paris, « au jeu de paume de Berthault, comme aussi à leur payer un écu par chacun jour qu'ils y joueraient ci-après (92). »

Où était situé le jeu de paume de Berthault ? Dans l'ancienne rue des Anglais, devenue la rue Berthault, et qui fait partie du quartier Saint-Martin (93). Ainsi, ce n'est pas au Marais que *Mélite* a été jouée, et ce n'est pas au Marais que le théâtre dit du Marais a commencé.

De 1631 à 1635, l'histoire de la troupe Le Noir-Mondory est fort obscure.

Nous verrons plus loin que, le 14 mai 1631, le Châtelet défend aux comédiens du Roi « de relouer l'Hôtel de Bourgogne à qui que ce soit » ; peut-être est-ce à la troupe Le Noir-

Mondory qu'ils avaient reloué : le désir de supplanter les confrères et de battre monnaie, eux aussi, avec leurs prétendus droits, pouvait les avoir réconciliés avec leurs rivaux. A la fin de 1632 ou au commencement de 1633, une troupe de comédiens s'établit au jeu de paume de la Fontaine, rue Michel-le-Comte, avec un bail de deux ans ; mais les habitants des rues Michel-le-Comte et Grenier-Saint-Lazare se plaignent au Parlement des dangers que cause la présence d'un théâtre dans des rues aussi incommodes et aussi étroites, et, le 22 mars 1633, le Parlement défend les représentations (94). Pour les frères Parfait, les comédiens en question constituent une troisième troupe ; mais il s'agit encore de la troupe Mondory. Elle ne s'était éloignée du cul-de-sac Berthault que de quelques toises : les rues Michel-le-Comte et

Grenier-Saint-Lazare faisaient aussi partie du quartier Saint-Martin.

D'ailleurs, l'arrêt du Parlement ne fit pas déloger les comédiens de ce nouveau poste. Protégés sans doute par de puissants personnages, ils y étaient encore en 1634 (95); mais cette année même les vit se transporter dans une nouvelle résidence, qui devait être définitive. Au 8 mars, Eud. Soulié cite un « bail fait par des particuliers aux comédiens qui représentent au jeu de paume du Marais (96) »; ce jeu de paume est évidemment celui de la rue Vieille-du-Temple. La troupe était arrivée enfin au Marais, et ses pérégrinations étaient terminées (97).

Je dis ses pérégrinations, non ses ennuis. Le 28 novembre, elle représentait avec un grand succès *La Comédie des Comédiens* de Scudéry et *Mélite* dans ces fêtes de l'Arsenal qu'a racontées Renaudot (98); mais, au lendemain de ce triomphe, le Roi lui enlevait pour les transporter à l'Hôtel de Bourgogne six de ses meilleurs acteurs : Le Noir et sa femme, l'Espy, Jodelet, La France ou Jacquemin Jadot et Alizon (99). Les représentations furent interrompues, mais pas longtemps. Grâce à l'énergie et à l'industrie de Mondory, la troupe se rallia encore une fois; dès le 18 décembre, elle représentait *Sophonisbe* chez le duc de Puylaurent (100), et, quelques jours après, elle rouvrait au public son théâtre de la rue Vieille-du-Temple (101).

Dès avant cette date, les comédiens du nouveau théâtre avaient pris le nom de Comédiens du Roi (102); mais la vraie troupe royale est toujours celle qui représente à l'Hôtel de Bourgogne, puisque le Roi prend soin d'y faire entrer de bons acteurs, en les enlevant à sa rivale.

Faut-il donner nos preuves pour le court récit qui précède? — Le Noir « avait été au prince d'Orange » avant de jouer au Marais, et l'on voit qu'en 1632 encore, malgré la supériorité de Mondory, c'est lui qui est regardé comme le chef de la troupe où ils représentaient tous deux. Il est donc évident que Le Noir n'est pas passé dans une troupe formée par Mondory; c'est encore celle du prince d'Orange qui joue chez Berthault, puis au Marais (103). — En février 1631, Le Noir a donné hors de l'Hôtel de Bourgogne 135 représentations. S'il en donnait deux par semaine, chiffre probable, puisqu'il y aura trois représentations par semaine au temps de Chappuzeau et qu'il n'y en avait qu'une en 1597 (104), il a commencé à les donner précisément au moment où, selon nous, la troupe du prince d'Orange s'est séparée des Confrères. Supposons pourtant que le nombre des représentations par semaine ait été de trois : le chiffre de 135 représentations nous fait encore remonter très haut dans l'année 1630 ; les quelques mois qui restent peuvent avoir été considérés comme parachevant le bail fait en juillet 1629 par les Confrères. — Corneille a dit lui-même de *Mélite* : « Le succès en fut surprenant : *il établit une nouvelle troupe de comédiens à Paris, malgré le mérite de celle qui était en possession de s'y voir l'unique* » ; et ailleurs : « Ses trois premières représentations n'eurent point tant d'affluence que la moindre de *celles qui les suivirent dans le même hiver* (105) ». On sait, d'autre part, comment les frères Parfait et M. Marty Laveaux ont démontré que *Mélite* avait été représentée vers la fin de 1629 (106). Or, notre hypothèse place les premières représentations de *Mélite* en septembre ou octobre 1629, et les suivantes dans l'hiver de 1629-1630 ; les premières ont été données sur le théâtre qui était alors l'unique, les suivantes ont établi à Paris un nouveau théâtre qui durera.

VI

Arrêtons-nous. Il est temps de revenir à la troupe royale, que nous avons laissée en lutte avec les confrères, et d'achever rapidement ce qui nous intéresse de son histoire.

A la fin de 1629 (29 décembre), le Conseil du Roi rétablit la paix entre les parties. Forcé par les registres de la Chambre des Comptes de reconnaître les titres de propriété des confrères (107), il donnait du moins une certaine indépendance aux comédiens. Il ordonnait que ceux-ci « jouiraient pour le temps et espace de trois ans de la salle dudit Hôtel de Bourgogne et loges étant en icelle, fors et excepté de celle des anciens maîtres, qui demeurait aux maîtres de ladite confrérie, tant pour eux que pour leurs parents et amis, moyennant la somme de 2400 livres de loyer pour chaque année ; en outre, aux charges et conditions portées audit arrêt donné à Paris, par lequel arrêt iceux comédiens sont condamnés à donner auxdits maîtres bonne et suffisante caution » (108). Immédiatement, les comédiens font visiter l'Hôtel de Bourgogne et en réclament les clefs aux confrères. Mais les articles de ce traité de paix n'étaient qu'insuffisamment explicites sur les attributions et les droits de chacun ; ils ne pouvaient produire qu'une paix fourrée.

De 1629 à 1632, les démêlés sont incessants. En juillet 1630, les confrères ayant fait arrêter ce qu'ils avaient pu trouver appartenant aux nommés Du Rossay, Beaupré et leurs associés, comédiens de Monseigneur le duc d'Angoulême, qui représentaient au faubourg Saint-Germain, les comédiens du Roi interviennent, et le Châtelet est obligé d'adjuger aux confrères le droit traditionnel de soixante sols par représentation (109). — Le mois suivant, nouvelle action des confrères contre Hiérôme Scelerier et ses associés, comédiens de Monseigneur le Prince, qui représentaient au même faubourg Saint-Germain ; nouvelle intervention des comédiens (110). — En 1632, intervention des incorrigibles comédiens dans le procès entre les confrères et la troupe de Le Noir ; le Châtelet les met hors de cour (111). — Et, l'année précédente, les comédiens, voulant faire complètement acte de propriétaires, le Châtelet avait dû leur défendre « de relouer l'Hôtel de Bourgogne à qui que ce soit, et... aux comédiens qui l'auraient loué de se servir du bail qui leur aurait été fait, à peine d'amende, et d'être emprisonnés en cas de contravention, et aux dépens (112) ».

Cependant ces comédiens, si empressés à faire valoir des droits imaginaires, laissaient les maîtres payer 600 livres « pour employer au payement des gens de guerre » de Sa Majesté, ou fournir, suivant ordonnance royale, un homme avec son épée et son baudrier (113).

Le bail de 1632, fait à « Robert Guérin dit La Fleur, Hugues Guéru dit Fléchelles, Henri Legrand dit

Belleville, Philibert Robin dit le Gaucher, Pierre Le Messier dit Bellerose, et Louis Gallien dit Saint-Martin, tous comédiens ordinaires ès gages de Sa Majesté », déclare enfin expressément que les comédiens renoncent à leurs prétendus droits sur l'Hôtel de Bourgogne, et que les parties contractantes se départent « de tous procès et discords pendant entre eux, tant au Conseil privé du Roi qu'ailleurs » (114) : et les années suivantes sont plus calmes.

Le bail fut d'ailleurs renouvelé en 1635, puis en 1639 (115), etc... et c'est en 1677 seulement que le long procès auquel nous avons assisté eut une solution définitive. Les biens de la confrérie furent confisqués au profit de l'hôpital général, et c'est à l'hôpital général que les comédiens en payèrent le loyer. La confrérie avait vécu.

VII

Mais nous n'avons pas à descendre si bas ; les limites que nous nous étions tracées ont été atteintes. Résumons en quelques mots ce que nous avons appris.

Fondé en 1548, le théâtre de l'Hôtel de Bourgogne ne servit d'abord qu'aux représentations des confrères de la Passion. Leur succès ayant été médiocre, une vraie troupe de comédiens fut, en 1578, chargée par eux de les remplacer ; mais il ne semble pas qu'elle ait abandonné leur répertoire, et les maîtres, d'ailleurs, n'avaient abdiqué que provisoirement. Ils remontèrent sur leur scène, mais pour en descendre bientôt, et sans retour. Dès lors, leur rôle se borna à louer leur salle, à percevoir un tribut de ceux qui représentaient en quelque autre endroit de Paris, et à poursuivre devant les juridictions compétentes ceux qui feignaient d'ignorer leurs privilèges.

Maintes troupes, françaises ou étrangères, passèrent ainsi sur leur scène successivement ou simultanément. Mais, s'il n'y eut pas, comme on l'a dit, de troupe régulièrement et définitivement installée dès la fin du xvie siècle, nous voyons du moins certains acteurs y revenir à plusieurs reprises, y faire de longs séjours, et installer enfin à l'Hôtel de Bourgogne ce théâtre définitif qu'on avait voulu y voir trop tôt. Valleran Lecomte représente quelques mois rue Mauconseil en 1599; il y revient probablement l'année suivante avec Robert Guérin; nous l'y retrouvons en 1607, et cette fois pour longtemps. Sa troupe y semble même définitivement assise, lorsque nous la voyons quitter l'Hôtel en 1622, pour promener dans Paris ou dans les provinces ses représentations. Elle y revient enfin en 1628, et cette fois pour n'en plus sortir (116). Depuis longtemps, elle porte le titre de troupe royale, et prétendra même le mériter seule, alors que d'autres auront acquis le droit de le porter.

En face de cet Hôtel de Bourgogne, qui ne prend que tardivement le caractère d'un théâtre définitif, mais où cependant les représentations ne chôment guère et où une même troupe séjourne si longtemps, un théâtre rival existait-il, même soumis à des éclipses et à des changements de personnel, même se transportant à plusieurs reprises dans des locaux divers?

Nous sommes forcé de répondre non.

Les troupes que nous avons vues paraître à l'Hôtel de Cluny, à la foire Saint-Germain, au faubourg Saint-Germain-des-Prés, dans la rue Bourg-l'Abbé, ailleurs encore, n'avaient entre elles aucun rapport et ne sont restées que fort peu de temps.

De 1622 à 1628, la troupe royale, qui n'est pas restée constamment à Paris, n'en a pas moins changé plusieurs fois de local dans la capitale; preuve qu'elle n'avait pas trouvé de théâtre tout fait pour s'y établir.

Restent les représentations données par Laporte et par la troupe royale elle-même à l'Hôtel d'Argent. Les premières ont commencé vers 1609, et n'ont guère duré qu'un an; celles de la troupe royale n'ont peut-être duré que quelques jours. Et voilà, si l'Hôtel d'Argent était au Marais, à quoi se réduirait toute l'histoire du « Théâtre du Marais » jusqu'après *Mélite*. Mais il manque même, à la légende que nous venons de combattre, ce faible fonds de vérité.

C'est seulement à la fin de 1629 que les comédiens du prince d'Orange ont établi à Paris un second théâtre ; c'est en 1634 que ce théâtre s'est établi au quartier du Marais (117).

NOTES

(1) *Recueil des principaux tiltres, concernant l'acquisition de la proprieté des Masure & place où a esté bastie la maison (appelée vulgairement l'Hostel de Bourgogne) sise en cette ville de Paris, ès rües de Mauconseil, & Neufve S. François, faicte par les Doyen, Maistres et Gouverneurs de la Confrerie de la Passion & Resurrection de nostre Seigneur Jésus-Christ... Ensemble autres pieces y appartenans, le tout pour montrer que lesdits Doyen, Maistres, Gouverneurs et Confreres, sont esdits noms vrais & legitimes acquereurs, proprietaires et possesseurs dudit Hostel de Bourgogne...* A Paris, MDCXXXII. Recueil très rare.

(2) *Histoire de la Ville de Paris, composée par D. Michel Félibien, Revue, augmentée et mise au jour par D. Guy-Alexis Lobineau.* — Paris, 1625,

5 volumes in-fol. — Nous ne citerons guère cet ouvrage, dont tous les documents concernant le théâtre ont été reproduits par les frères Parfait, et qui ne mérite aucune créance en dehors de ces documents. (V. p. ex. ce qu'il dit de Jodelle, qui aurait fait jouer à l'Hôtel de Bourgogne *des tragédies et des comédies*, t. II, p. 1024.)

(3) *Histoire du Théatre François, depuis son origine jusqu'à présent*. Paris, 1745 à 1749, 15 vol. in-12.

(4) A la suite des *Recherches sur Molière et sur sa famille*. Paris, 1863, in-8, p. 151 à 165. C'est dans cet inventaire que nous puiserons surtout; on ne l'a pas encore assez fait.

(5) En tête du tome III des *Contemporains de Molière*. Paris, 1875, in-8, p. VII.

(6) *Recueil des principaux tiltres*, p. 3 à 8. Soulié, p. 152.

(7) *Recueil des principaux tiltres*, p. 25.

(8) Pour l'emplacement de l'Hôtel de Bourgogne, V. Jules Bonnassies, *Notice historique sur les anciens bâtiments de la Comédie-Française*, Paris, 1868, p. 5.

— Pour les quartiers de Paris, v. l'Atlas du *Tableau historique et pittoresque de Paris, depuis les Gaulois jusqu'à nos jours, dédié au roi, par J.-B. de Saint-Victor.* 2ᵉ éd., 4 vol. in-8⁰ (8 tomes) et un atlas in-4, Paris, 1822.

(9) *Recueil des principaux tiltres*, p. 34.

(10) Par le chevalier de Mouhy, 6 vol. in-fol. de la Biblioth. Nat. mss. fr. numéros 9229 à 9235. Le 1ᵉʳ vol. conduit l'histoire du théâtre français jusqu'à l'année 1633.

(11) Du 20 septembre 1577. v. les frères Parfait, t. III, p. 234, n. — En 1557, les confrères montèrent à grands frais l'*Histoire de Huon de Bordeaux*, et la jouèrent malgré l'opposition du prévôt de Paris. Taillandier, *Revue rétrospective*, t. IV, p. 345 (cité par Petit de Julleville, *les Comédiens en France au moyen âge*, p. 75.) — Dulaure, *Histoire physique, civile et morale de Paris*, 1834, t. IV, p. 341.

(12) Armand Baschet, *Les Comédiens Italiens à la Cour de France sous Charles IX, Henri III, Henri IV et Louis XIII, d'après les lettres royales, la*

Correspondance originale des Comédiens, les registres de la « Trésorerie de l'Epargne », et autres documents. Paris, 1882, petit 8°, p. 73 à 76. Les *Gelosi* représentaient à l'Hôtel de Bourbon, quoique M. Moland les fasse, bien à tort, paraître sur la scène même de l'Hôtel de Bourgogne (V. son intéressant ouvrage sur *Molière et la comédie italienne*). Une autre troupe italienne, celle d'Alberto Ganassa, avait déjà joué à Paris en 1571, mais le Parlement l'avait promptement expulsée ; elle reparut au service de la Cour. V. Baschet, p. 19, sqq., qui signale vers la même époque le passage de deux autres troupes italiennes à Paris.

(13) Eud. Soulié, p. 152.

(14) *Les muses Gaillardes recueillies des plus beaux espirts de ce temps,* par A. D. B. Parisien. *Seconde édition...* MDCIX. Réimpression de Mertens, Bruxelles, 1864, petit in-12 ; p. 184-5. — On retrouve la même pièce dans le *Cabinet satyrique,* avec une légère variante, sous le titre de : *Sur le haut de chausses d'un courtisan, par le sieur de Bouteroue.* V. la *nouvelle édition com-*

plète, *revue sur les éditions de 1618 et de 1620 et sur celle dite du Mont-Parnasse, sans date.* L'an MDCCCLXIV. 2 vol. in-12, t. II. p. 14. — Peut-être pourrait-on découvrir ces vers dans quelque autre recueil antérieur à 1609.

(15) « Ayant depuis cinq jours en çà conféré avec M. Agnan, qui nous est apparu embéguiné, enfariné, tel que les sots de mon royaume l'ont vu et pratiqué en notre Hôtel de Bourgogne. » Ainsi lisons-nous dans une brochure, malheureusement sans date, *le Légat testamentaire du Prince des sots, à M. C. d'Acreigne, Tullois, avocat en parlement... Ainsi signé :* Angoulevent, prince des Sots, et scellé de cire invisible. — (Ed. Fournier, *Variétés historiques et littéraires*, t. III, p. 354.)

(16) Les *Historiettes de Tallemant des Réaux.* 3º éd. publiée par MM. de Monmerqué et Paulin Paris, 1854-1860, 9. vol. in-8º, t. VII, p. 170. — M. V. Fournel (*Histoire de l'Hôtel de Bourgogne,* en tête du tome Iᵉʳ des *Contemporains de Molière*, 1863, p. xxxii) dit qu'Agnan était mort en 1615 ; il

semble qu'il le fût déjà depuis quelque temps en 1609.

(17) C'est-à-dire Battista Lazaro. Baschet ne sait rien sur ce comédien ni sur sa troupe. V. *Comédiens Italiens*, p. 83-4.

(18) Requête présentée à M. le lieutenant civil... et de lui répondue le 12 février 1583. Eud. Soulié, p. 153.

(19) Du 6 octobre 1584. Fr. Parfait, t. III, p. 236, n.

(20) Du 10 décembre. Fr. Parfait, t. III, p. 237. cf., ci-dessous, l'extrait des *Remontrances* à Henri III.

(21) *Remonstrances très-humbles au roy de France et de Pologne, Henry troisiesme de ce nom, par un sien fidelle officier et subject sur les desordres et miseres de ce royaume, causes d'icelles et moyens d'y pourvoir à la gloire de Dieu et repos universel de cet estat.* 1588, in-8°. Attribuées par Cayet à Nic. Rolland, conseiller à la Cour des monnaies de Paris; par d'autres à Pierre d'Epinac, archevêque de Lyon. Notre citation est faite d'après les frères Parfait, t. III, p. 238, n. et Fr. Godefroy, *Histoire de la littérature*

*française depuis le XVI*e *siècle*, t. 1er, 1867, p. 300-1.

(22) Quelle année ? Aucun document ne nous le dit.

(23) « On défendit les jeux de Bourgogne et les quilles de maître Jean Rozeau... » Et les auteurs ajoutent, avec une cruelle ironie : « Aussi fut-il avisé de convertir l'Hôtel de Bourgogne en un collège de jésuites, qui avaient besoin de récréation, pour la grande quantité de sang dont ils étaient boursouflés, et leur fallait un chirurgien pour les phlébotomiser. » *Satyre Ménippée, de la vertu du catholicon d'Espagne...* A Ratisbonne, chez les héritiers de Mathias Kerner, MDCCXXVI, 3 vol. 8°, t. I, p. 198.

(24) Ed. Fournier, *La Farce et la chanson au théâtre avant* 1660, introduction aux *Chansons de Gaultier Garguille* (bibliothèque elzévirienne, 1858). Cette assertion d'Ed. Fournier n'est accompagnée d'aucune preuve.

(25) La plupart des historiens du théâtre datent de 1588 l'établissement définitif de comédiens de profession à l'Hôtel de Bourgogne. Rien n'autorise cette hypothèse. V. les fr. Parfait, t. III,

p. 226, 237; Suard, *Mélanges de littérature*, 1804, t. IV, p. 111; Sainte-Beuve, *Tableau de la poésie française au XVIe siècle*, 1843, p. 235; Ebert, *Entwicklungs-Geschichte der Franz. Tragödie*, Gotha, 1858, p. 184; Petit de Julleville, *les Mystères*, t. I, p. 433; etc., etc.

(26) V. Em. Campardon, *Les spectacles de la foire..., documents inédits recueillis aux archives nationales*. Paris, 1877, 2 vol. 8°. Introduction, p. VIII à XI.

(27) « 1596, 11 décembre. — Signification faite à la requête desdits maîtres à Nicolas Potrau et ses compagnons, comédiens français... » Eud. Soulié, p. 153.

(28) Eud. Soulié, p. 153.

(29) Arrêt du 28 novembre 1598. Fr. Parfait, t. III, p. 242-3, n.

(30) Eud. Soulié, p. 153.

(31) 15 décembre. Eud. Soulié, p. 153.

(32) Eud. Soulié, p. 154. Nous lisons aussi dans le *Recueil des principaux tiltres*, p. 69-70 : « Par sentence contradictoire du 28 avril 1599, défense

sont faites à Léon Fournier, menuisier, et à tous autres bourgeois de louer aucunes cours ni autres lieux aux comédiens français ni étrangers pour y représenter; et à tous comédiens de représenter ailleurs qu'audit Hôtel de Bourgogne. »

(33) *Hist. du th. fr.*, t. III, p. 243-4. De Léris et d'autres abrègent le récit des frères Parfait (v. de Léris, *Dict. portatif hist. et litt. des théâtres*, 1763, p. 14; Ebert, p. 186; Paul Lacroix, xviie s. *Lettres, sciences et arts*, 1882, p. 266; Petit de Julleville, *Les comédiens en Fr. au m. âge,* p. 82; Moland, *Molière, sa vie et ses ouvrages*, 1887, p. XL). — M. V. Fournel fait fonder le théâtre de l'Hôtel d'Argent en 1598 (*Contemp. de Molière*, t. III, p. VIII). — Félibien (t. II, p. 1025) et de Beauchamps (*Recherches sur les th. de Fr.*, 1735, in-4°, I, p. 93) datent de 1600 la fondation du théâtre du Marais, mais l'expliquent par un démembrement de la troupe qui jouait à l'Hôtel de Bourgogne; inutile d'ajouter qu'ils ne citent aucune preuve. — De Mouhy écrit dans son *Abrégé de l'hist. du th. fr.*, 1780, 3 vol. in-8°, t. III, p. 13-15, deux

pages pleines d'erreurs sur les rivaux de l'Hôtel de Bourgogne aux environs de l'an 1600. — Enfin, Dulaure, qui date l'Hôtel d'Argent de 1600, en fait le théâtre particulier des troupes italiennes (t. V, p. 201).

(34) Eud. Soulié, p. 154. — Si nous ne craignions pas d'être trop long, nous pourrions citer ici les lignes ingénieuses, où Paul Lacroix raconte l'établissement de Valleran à l'Hôtel de Bourgogne et la fondation de l'Hôtel d'Argent (xviie s. *Institutions, usages et costumes*, 1880, p. 496-7). Jamais roman n'a été plus érudit, jamais érudition n'a été plus aventureuse.

(35) Eud. Soulié mentionne cinq baux faits aux comédiens italiens ; le dernier est du 8 avril 1614, la date des trois autres n'est pas indiquée.

(36) Eud. Soulié, p. 154.

(37) V. *Les comédiens italiens*, p. 103.

(38) Eud. Soulié, p. 154.

(39) A. Baschet, *Les Com. ital.* p. 143. *L'Inventaire* n'en parle pas, mais le bail passé par Andreini est certaine-

ment le premier des trois que M. Soulié n'a point datés. (V. note 35.)

(40) Eud. Soulié, p. 154. — D'ailleurs, les comédiens de toute nationalité n'ont pas manqué cette année-là. Des Anglais jouent devant la cour, dans la grande salle neuve de Fontainebleau, et le dauphin Louis, qui entrait dans sa quatrième année, leur voit représenter une tragédie le 18 septembre. (V. le *Journal* du médecin Héroard, et l'*Intermédiaire des chercheurs et des curieux*, t. I, p. 85). — Le 2 août, l'Estoile parle d'une comédienne espagnole assassinée par deux espagnols, comédiens aussi (éd. Michaud et Poujoulat, p. 378). Sur quoi, Ed. Fournier est tenté de croire que ces Espagnols faisaient partie de la troupe de l'Italien Ganassa, qui « devait se trouver à Paris à cette date. C'est en effet, dit-il, un an après, en 1605, que Vauquelin de la Fresnaye, parlant dans sa satire à Claude de Sanzé des farceurs qui ont fait le plus de bruit dans ces derniers temps, cite :

Le bon Ganasse et les comédiens
De Tabarin... »

(L'*Espagne et ses comédiens en France*

au XVIIᵉ s. *Revue des provinces* du 15 sept. 1864, p. 496) ; mais la satire de Vauquelin, publiée en 1605, était de rédaction très antérieure, et rien ne fait supposer que Ganassa se soit montré à Paris après 1574 (V. Baschet, p. 49). Il s'agit bien plutôt d'une troupe spéciale d'Espagnols.

(41) Les deux passages sont curieux. Voici le premier (dernier de mai 1607) : « Duret, le général, ayant fait porter parole, en ce temps, à un secrétaire d'Etat de cinquante mille écus, au cas qu'il se voulût défaire de son office entre ses mains, est renvoyé à Valleran, bouffon de l'Hôtel de Bourgogne, avec lequel l'autre lui dit qu'il était en propos. » — Le second a été souvent cité. « Le vendredi 26 de ce mois (janvier 1607), fut jouée à l'Hôtel de Bourgogne, à Paris, une plaisante farce, à laquelle assistèrent le roi, la reine et la plupart des princes, seigneurs et dames de la cour. C'étaient un mari et une femme qui se querellaient ensemble... Chacun disait que de longtemps on n'avait vu à Paris farce plus plaisante, mieux jouée, ni d'une plus gentille invention, même-

ment à l'Hôtel de Bourgogne, où ils sont assez bons coutumiers de ne jouer chose qui vaille. »

(42) Le 9 septembre, un curieux passage de l'Estoile nous montre que Laporte était à Bourges (v. au 2 oct. 1607 et au 25 février 1608). Sa séparation d'avec Valleran était sans doute accomplie, à moins qu'on ne suppose qu'il se trouvait à Bourges avec la troupe même de l'Hôtel de Bourgogne, en train de faire une excursion en province. Dans tous les cas, il faut admettre que Valleran et Laporte étaient arrivés ensemble à l'Hôtel, en remplacement de Thomas Poirier; il n'est pas vraisemblable que Laporte ne se fût réuni à Valleran qu'après le mois de septembre, et s'en fût déjà séparé avant le mois de janvier suivant. V. d'ailleurs la note (d), p. 34, sur le procès intenté à Marie Venier par Laffemas.

(43) Eud. Soulié, p. 155.

(44) V. les fr. Parfait, t. III, p. 252-5.

(45) Voir sur cette querelle Ad. Fabre (*Les Clercs du Palais...*, 2ᵉ éd. Lyon, 1875, p. 264-9) ou Petit de Julleville (*Les com. en Fr. au m. âge*, p. 187-190). Mais ces auteurs, si consciencieux

et si bien informés, se trompent sur le nom et la qualité de Valleran Lecomte : « Les maîtres de la confrérie de la Passion, qui étaient alors Valérien Lecomte et Jacques Resneau, interviennent dans la cause, ainsi que les administrateurs de l'Hôtel de Bourgogne. » (Ad. Fabre, p. 267; cf. Petit de Julleville, p. 187.) M. Fabre n'a pas vu que les maîtres de la confrérie de la Passion étaient les mêmes personnes que les administrateurs de l'Hôtel de Bourgogne ; que Lecomte et Resneau, au contraire, en étaient tout à fait distincts. Tandis que les maîtres et administrateurs sont sévèrement condamnés, la cour met Valleran Lecomte et Resneau « hors de cour et de procès, sans dépens. » — Quant à l'erreur de nom, elle provient de Félibien, t. V. p. 44, qui appelle les deux comédiens, tantôt *Valérien le Comte* et *Jacques Resneau*, tantôt *Valleran* et *Rameau*. Les fr. Parfait ont rétabli partout les formes *Valleran Le Comte* et *Resneau* (t. III, p. 252-5.)

(46) Venue à Paris en février pour le baptême de Louis XIII, elle repart au mois d'octobre. A. Baschet, p. 167, a

trouvé la minute du bail, qui est du 7 février 1608. Ce doit être le deuxième des baux non datés par Soulié. (v. notes 35 et 39). — V. le *Journal de Jean Heroard (extrait des manuscrits originaux...* par Eud. Soulié et Ed. de Barthélemy, Paris, 1868, 2 vol. in-8°) aux mois de juillet et août 1608.

(47) De Mouhy, *Abrégé*, t. II, p. 481. Les fr. Parfait admettent ce passage sans en préciser la date, t. III p. 580.

(48) Cet opuscule est de 1612. On y parle, p. 62, de femmes qui babillent « comme personnes qui se vont désennuyer à l'Hôtel de Bourgogne pour voir jouer les bateleurs de Valleran et de Laporte. » (Cité par Moumerqué et Paris dans Tallemant, t. VII, p. 179.)

Le samedi 7 février 1609, le dauphin Louis avait été mené pour la première fois à l'Hôtel de Bourgogne (*Journal d'Héroard*, t. I, p. 382), et A. Baschet remarque que, les *Accesi* n'étant plus à Paris, c'est aux comédiens français qu'avait certainement été faite cette visite. (*Le Roi chez la Reine...*, 2ᵉ éd., 1876, p. 267). Mais cette assertion renferme une part d'erreur et une part de vérité, comme le peut prouver une citation complète d'Héroard : — 1609, 7 février, samedi. « A cinq heures, mené à l'Hôtel de Bourgogne, à la comédie ; ce fut la première fois. Ramené à six heures et demie, il en récite beaucoup devant Leurs Majestés. » t. I, p. 382. — 8 février, dimanche. « A trois heures trois quarts, mené à l'Hôtel de Bourgogne ; il se met à rire avec éclat et dit : *Mousseu de Souvré, je ris ainsi, afin qu'on pense que j'entends l'italien.* Ramené à six heures et demie. » t. I, p. 383. — 14 février, samedi. « A quatre heures, mené à l'Hôtel de Bourgogne ; ramené à huit heures, tout morfondu de froid. » t. I, p. 384. — N'est-il pas évident que, le 7 février, le dauphin a vu jouer des pièces françaises, puisqu'il « en récite beaucoup devant Leurs Majestés », mais que, le 8, il a vu jouer des pièces italiennes puisqu'il s'est mis à rire afin de faire croire qu'il entendait l'italien ? Il y avait donc à l'Hôtel une troupe italienne, dont les représentations alternaient avec celles de Valleran. Ou c'est une troupe inconnue, qui n'a pas laissé d'autres traces de son passage, ou bien les *Accesi* sont partis plus tard que ne l'avait supposé, avec beaucoup de vraisemblance pourtant, Armand Baschet.

(49) Régnier, Berthelot et Sigongne,
Et dedans l'hôtel de Bourgogne
Vautret, Valeran et Gasteau,
Jean Farine, Gautier Garguille,
Et Gringalet, et Bruscambille,
En rimeront un air nouveau.

L'Espadon satyrique, par le sieur de Franchere, gentilhomme Franc-Comtois. Dedié à Monsieur le baron de Roche. A Lyon, par Jean Lautret, marchand libraire. M. DC. XIX, permission du 25 avril 1619. — Sat. II, p. 3.) — Ces vers ont été reproduits dans le *Parnasse satyrique*, qui est de 1622 (réimpr. de 1864, t. II, p. 40.)

(50) V. les *Mémoires de Michel de Marolles, abbé de Villeloin.* Amsterdam, 1755, 3 v. in-12, t. I, p. 58-9.

(51) V. la n. 48.

(52) *Les révélations de l'ombre de Gaultier Garguille nouvellement apparue au Gros Guillaume son bon amy sur le Theatre de l'Hostel de Bourgogne...* 1634; à la suite des *Chansons de Gaultier Garguille* p. p. Ed. Fournier (*Bibl. elzev.* 1858), p. 170, 172. — En

1637, l'ombre de Turlupin parle de même « de l'agréable séjour et des félicités desquelles jouissent nos devanciers : Valleran, Laporte, Vautray, Longueval, Gaultier Garguille, le Gros Guillaume et plusieurs de nos bons amis. » *Le retour du brave Turlupin de l'autre monde, declarant, sur le superbe et royal Theatre de l'Hostel de Bourgongne, les adventures de son voyage...* A Paris, M. D. C. XXXVII. p. 8. (*Les Ioyeusetez facecies et folastres Imaginacions...* p. p. Techener, 1834).

« Perrine qui, de son temps, sous Valleran et Laporte, fut un personnage incomparable », dit Marolles, t. III p. 290.

Les comédiens de l'Hôtel de Bourgogne, descendus aux enfers, obéissent encore à Valleran, et l'ombre de Gaultier Garguille recommande à ses camarades vivants, lorsqu'ils se sentiront près « de ployer ou plier leurs quilles », « d'en envoyer un petit avis à notre maître Valleran, lequel, comme chef de la troupe, donnera ordre que nous ne soyons point surpris à vous rendre les honneurs et les devoirs que nous vous devons. » *Chansons de Gaultier Garguille*, p. 176.

(53) *Hist. du Th. fr.* t. III, p. 256.

(54) *Recueil des principaux tiltres,* p. 51-3. Cf. Eud. Soulié, p. 156.

(55) *Hist. du Th. fr.*, t. III, p. 258 à 265.

(56) Henri Legrand, dit Belleville dans la comédie et Turlupin dans la farce ; le fameux trio : Gros-Guillaume, Gaultier Garguille et Turlupin, était donc formé.

(57) *Recueil des principaux tiltres,* p. 68. Cf. Eud. Soulié, p. 157-8.

(58) Félibien, t. II, p. 1025.

(59) Il est fort invraisemblable que les camarades de Laporte et de sa femme soient revenus sans eux à l'Hôtel d'Argent, plus invraisemblable encore qu'ils soient restés longtemps les tributaires des confrères sans faire attendre leur tribut, et sans donner lieu à quelque action judiciaire qui nous révèlerait leur présence.

(60) *Recueil des principaux tiltres,* p. 52 ; Eud. Soulié, p. 156. — Les lettres patentes disent encore plus nettement, au sujet des privilèges des confrères, que ceux-ci en « ont toujours bien et dûment joui et usé, jouis-

sent et usent encore à présent ». *Recueil*, p. 51.

(61) V. Eud. Soulié, p. 157 et 160-1.

(62) Dans l'*Examen de Mélite*. V. le Corneille des *Grands Ecrivains*, t. I. p. 138.

(63) « L'Hôtel d'Argent », dit Sauval, « dont il reste un vieux corps de logis; tout y est néanmoins si changé, qu'outre que cet hôtel a été partagé en plusieurs maisons séparées, ce qui restait de vide fut couvert d'autres logis occupés et rebâtis depuis par des particuliers. » C'est dans un de ces logis que devait représenter Laporte. (V. H. Sauval, *Histoire et recherches des antiquités de la ville de Paris*, 1724, 3 vol. in-4°, t. II, p. 149.)

(64) V. Eud. Soulié, aux 10 mars, 24 mars et 27 octobre 1610, p. 155.

(65) A. Baschet, *les Comédiens ital.*, p. 246. Il faut placer à cette date le dernier des trois baux non datés par Soulié. Ainsi les cinq baux signalés p. 154 sont d'avril 1599, décembre 1603, février 1608, novembre 1613 et avril 1614. V. les notes 35, 39 et 46.

(66) Le 27 juin 1614. Eud. Soulié, p. 156.

(67) Il semble bien, à lire l'*Inventaire*, que le sieur de Champluisant ne fût pas lui-même comédien. M. A. Baluffe écrit à propos de mademoiselle Menou, camarade de Molière dans la troupe du duc d'Epernon : « Cette mademoiselle de Menou, dont le père, originaire de Sologne, avait été, lui aussi, en 1616, directeur ou du moins caution d'un directeur de l'Hôtel de Bourgogne, sous son vrai nom de Mathieu Roger (de Menou) de Champluisant (ou *Champlivault*, ou *Champlisant, ad libitum*) et, en cette qualité de caution, emprisonné au Grand-Châtelet, lui aussi, comme Molière. » M. Baluffe ne donne pas les preuves de ces assertions, dont quelques-unes, tout au moins, sont fort contestables (V. *Molière inconnu, sa vie*, t. I, 1886, p. 319).

(68) Le 2 janvier 1615. Les comédiens refusent de payer (10 janvier). V. Eud. Soulié, p. 157.

(69) Une partie entra, dès lors ou bientôt après, dans la troupe de Valleran. En effet, l'*Espadon satyrique*, en 1619, cite Gasteau (qui ne doit être autre que Gastrau) parmi les comédiens de l'Hôtel de Bourgogne, et *Le*

retour du brave Turlupin, en 1637, nomme Longueval à côté de Valleran, Laporte, Vautray, Gaultier Garguille et le Gros-Guillaume. V. les notes 49 et 52.

(70) D'après Ed. Fournier (*L'Espagne et ses comédiens*, p. 497), une troupe de comédiens espagnols était à Paris en 1618 et n'y fit pas grand effet : « Sans Bassompierre qui, sous la date de 1618, écrit dans ses *Mémoires* : « Nous eumes les comédiens espagnols cet hiver-là, » on ne saurait rien de leur passage. » — Il y a là une légère erreur. Le renseignement de Bassompierre est de décembre 1619 (V. *Le journal de ma vie, mémoires du maréchal de Bassompierre,* éd. publiée pour la *Soc. de l'Hist. de Fr.*, par le marquis de Chantérac, 1870-7, 4 vol. in-8 ; t. II, p. 141) ; et déjà, au mois d'août de la même année, Louis XIII avait souvent assisté à la comédie espagnole. (V. Héroard, t. II, p. 235.)

(71) *Le Théâtre François divisé en trois livres...* A Lyon, chez Michel Mayer, 1674, in-12, p. 189.

(72) V. Fournel, *Contemp. de Molière,* t. III, p. X.

(73) Entre autres Viollet le Duc (*Ancien théâtre françois*... 10 vol. de la *Biblioth. elzevir.*, t. IV p. VII.)

(74) *Recueil des principaux tiltres*, p. 70 ; Eud. Soulié, p. 57. La rue Bourg-l'Abbé est dans le quartier Saint-Denis.

(75) Une *Satyre pour l'hiver de* 1621, qui figure dans le *Parnasse satyrique*, se plaint des maux causés par le froid, et ajoute :

Tout divertissement nous manque ;
Tabarin ne va plus en banque,
L'Hôtel de Bourgogne est désert.

(T. I, p. 34.)

(76) Eud. Soulié, p. 158.

(77) A. Baschet, *Les Comédiens ital.*, p. 323-4.

(78) Eud. Soulié, p. 158. Une troupe « du prince d'Orange », la même peut-être, jouait à Nantes en 1618, et mademoiselle de Rohan en faisait l'éloge. V. H. Chardon, *La troupe du Roman comique dévoilée*... 1876, p. 33.

(79) Tallemant, t. VII, p. 172 (Hist. de Mondory).

(80) Eud. Soulié, aux 13 et 14 août. p. 159.

(81) Je place en 1627 un bail fait aux comédiens du prince d'Orange et qu'Eud. Soulié mentionne sans le dater. (V. au 3 août 1625, p. 158.)

(82) 5 pièces, dont la dernière est du 3 août 1627 (Eud. Soulié, p. 159).

(83) 4 pièces, du 17 novembre 1627 au 22 janvier 1628 (Eud. Soulié, p. 159-160.) — D'après Jal, *Dict. crit.*, p. 412, les Grecs durent se soumettre à payer la redevance ordinaire, car ils jouaient encore en septembre 1628. — Remarquons que Désidières et Descombes pourraient bien ne faire qu'un seul personnage, lequel ne serait autre que le charlatan Désidério Descombes, dont il est question dans les *Caquets de l'Accouchée* (éd. de la *Biblioth. elzev.* p. p. Ed. Fournier, 1855 ; p. 102.)

(84) Eud. Soulié, p. 160.

(85) Eud. Soulié, p. 160.

(86) Enumérés par Eud. Soulié, p. 160-1.

(87) *Texte:* produisent.

(88) *Recueil des principaux titres,* p. 57-8.

(89) *Recueil,* p. 59 à 60.

(90) *Recueil*, p. 62.

(91) Eud. Soulié, p. 163.

(92) Eud. Soulié, p. 163.

(93) M. H. Chardon (*La troupe du roman comique dévoilée*, p. 40), dit : « à l'estrapade », et ajoute : « si je ne me trompe. » Mais Sauval (t. II, p. 180), nous apprend que la rue Bertault, auparavant rue des Anglais, était un cul-de-sac de la rue Beaubourg, opposé directement et en droite ligne a un autre cul-de-sac, appelé la rue de Clervaux, et assis en la rue Saint-Martin. C'est là que Jean Bertault, archer des gardes du corps du roi avait bâti, vers 1557, un jeu de paume, qui fut couvert en 1604. Le jeu de paume donna son nom à la rue.

(94) *Hist. du Th. fr.*, t. V, p. 50 à 52, n.

(95) On lit dans le *Testament de feu Gaultier Garguille*, 1634 : « Pour faire voir que je n'ai jamais eu de rancune contre les comédiens du jeu de paume de la Fontaine, quoiqu'ils aient pris inutilement la peine d'attirer l'eau vers leur moulin, je veux auparavant que de mourir leur donner quelques

bons avis. » Suivent des conseils adressés à Mondory « le coq de la paroisse », à Filipin, à Le Noir et à sa femme et « à ces messieurs qui sont venus en foule grossir leur troupe », notamment Jodelet et Tibaut Garray. (A la suite des *Chansons de Gaultier Garguille*, p. 160-4.) Il est encore question des comédiens du jeu de paume de la Fontaine dans les *Revelations de l'ombre de Gaultier Garguille, 1634 (Id. p. 168)*, et dans le *Songe arrivé à un homme d'importance sur les affaires de ce temps, 1634 (Id., p. 208)*.

(96) Eud. Soulié, p. 164-5.

(97) P. Lacroix, dans son *XVIIe siècle. Institutions*, p. 498, simplifie singulièrement toute cette histoire : « Sous le bénéfice de cette sentence (de 1621), les confrères de la Passion recommencèrent des procédures contre les comédiens de l'Hôtel d'Argent (toujours ceux de Laporte?), qui, se trouvant trop à l'étroit dans le quartier des Halles (!), avaient transporté leur théâtre dans un jeu de paume de la rue Vieille-du-Temple, où s'établit le *Théâtre du Marais*, qui subsista jusqu'en 1673. »

Selon P. Lacroix, les comédiens de

ce théâtre étaient appelés par ceux de l'Hôtel de Bourgogne les *petits comédiens du Marais*. Selon M. V. Fournel, les *petits comédiens du Marais* constituaient une troupe spéciale qui fut remplacée par Mondory (*Contemp. de Molière*, t. III, p. X.)

(98) V. dans la *Gazette* de 1634 l' « Extraordinaire du 30 novembre », p. 527-8.

(99) *Gazette* du 15 décembre, p. 561.

(100) *Gazette* du 23 décembre, p. 584.

(101) La *Gazette* du 6 janvier 1635 dit que *l'ouverture* de ce théâtre avait eu lieu le dimanche précédent. Ed. Fournier (*l. c.*, p. 160, n.), M. Fournel (*Contemp. de Molière*, t. III, p. XIII) et d'autres encore entendent par ouverture l'inauguration même ; on voit que nous ne sommes pas de leur avis. — En ce même moment, il y avait à Paris une « troisième bande » de comédiens installée au faubourg Saint-Germain (*Gazette*, p. 15.)

(102) Le 9 octobre 1623, Charles Le Noir, comédien du Roi, demeurant sur la paroisse de Saint-Nicolas-des-

Champs, est parrain de Marie, fille de Jehan Angelain, peintre, avec damoiselle Marie Berthelin, femme de Guillaume Gilbert, sieur de Mondory (Jal, p. 878, art. Mondory.) — Le Noir est de nouveau parrain en 1637, mais cette fois du dernier enfant de Turlupin, alors son camarade à l'Hôtel de Bourgogne (Jal, p. 760, art. Le Grand.) — Dans l'intervalle, on voit Charles Le Noir figurer parmi les comédiens auxquels les confrères font un bail de trois ans, le 10 septembre 1635 (Eud. Soulié, p. 165).

(103) V. p. 60 et 69, et cf. Tallemand, t. VII, p. 172.

(104) V. Eud. Soulié, p. 153. Au 12 avril 1597, « il est permis de faire *à présent* comédies en l'Hôtel de Bourgogne les *jours ouvrables* ».

(105) *Examen de Mélite* (éd. des *Grands Ecrivains*, t. I, p. 138); *Epître à monsieur de Liancour* (t. I, p. 135).

(106) *Hist. du Th. fr.*, t. IV, p. 461-2, n. — *Notice sur Mélite* (Corneille, t. I, p. 129 à 130).

(107) V. Eud. Soulié, au 27 octobre 1629, p. 161.

(108) Eud. Soulié, p. 161.

(109) Eud. Soulié, p. 162.

(110) Eud. Soulié, p. 162.

(111) Eud. Soulié, au 10 février 1632, p. 163-4.

(112) Eud. Soulié, au 14 mai 1631, p. 163.

(113) 9 août 1630; 19 et 21 août 1636. Eud. Soulié, p. 162 et 165.

(114) Eud. Soulié, au 5 août 1632. p. 164.

(115) Eud. Soulié, p. 165.

(116) Jusqu'en 1680, date de la fusion entre le théâtre de l'Hôtel de Bourgogne et celui de l'Hôtel Guénégaud.

(117) Ces conclusions ne sont pas seulement en désaccord avec les récits des historiens des théâtres ; elles contredisent encore l'histoire des principaux acteurs du temps, telle qu'on la trouve dans Sauval, dans les frères Parfait, dans Lemazurier, etc... Mais cette histoire, tissu de légendes et d'hypothèses hâtives, est à refaire presque tout entière.

Nous avons vu (p. 39-40) sur quel fonds ruineux reposait l'histoire de

Valleran, de Laporte et de sa femme. Qu'on nous permette de citer un autre exemple, emprunté à la vie des plus célèbres farceurs du commencement du xviie siècle.

Lemazurier dit que Robert Guérin « avait été longtemps garçon boulanger avant d'entrer à l'Hôtel de Bourgogne. Il était ami de Hugues Guéru (Gaultier Garguille) et de Henri Legrand (Turlupin)... Ils louèrent un petit jeu de paume à la porte Saint-Jacques, y placèrent un théâtre portatif qui leur appartenait et firent leurs décorations avec des toiles de bateau grossièrement barbouillées. Ils jouaient depuis une heure jusqu'à deux en faveur des écoliers et recommençaient le soir ; le prix du spectacle était de deux sols et demi par tête. Les comédiens de l'Hôtel de Bourgogne s'étant plaints au cardinal de Richelieu que trois bateleurs entreprenaient sur leurs droits, il voulut juger par lui-même de leur mérite. Ils furent mandés au Palais Cardinal, et reçurent ordre de jouer dans une alcôve... *(Ici un long récit de la représentation).* Ce spectable plut au Cardinal : il fit venir les comédiens de l'Hôtel de Bourgogne et leur commanda de s'associer ces trois acteurs... » (P. D. Lemazurier, *Galerie historique des acteurs du Théâtre-Français...* Paris, 1610, 2 vol. 8°; t. I, p. 32 sqq.)

Voilà bien des détails précis, faits pour inspirer la confiance. Malheureusement, aucun ne peut être exact. De ces trois acteurs introduits par Richelieu à l'Hôtel de Bourgogne, l'un, Robert Guérin, y était déjà en 1603; l'autre, Hugues Guéru, en 1615; et le troisième, Henri Legrand, faisait partie de la troupe royale en 1622. D'ailleurs, Lemazurier ne se gêne pas pour se contredire. Page 29, il fait débuter Hugues Guéru dès 1598 au Marais, d'où il passa, après quelques années, à l'Hôtel de Bourgogne ; p. 24, il accepte le dire de Sauval et fait débuter Henri Legrand dès 1583. Avec quelle défiance ne faut-il pas consulter de tels *historiens* ?

Émile COLIN. — Imprimerie de Lagny.

www.ingramcontent.com/pod-product-compliance
Lightning Source LLC
Chambersburg PA
CBHW071746240526
45471CB00022B/602